FACULTÉ DE DROIT DE POITIERS

HYPOTHÈQUE TACITE DU LOCATEUR

ACTION SERVIENNE, — INTERDIT SALVIEN,

EN DROIT ROMAIN.

DU PRIVILÉGE DU LOCATEUR

EN DROIT FRANÇAIS.

THÈSE

PRÉSENTÉE A LA FACULTÉ DE DROIT DE POITIERS
POUR OBTENIR LE GRADE DE DOCTEUR
Et soutenue le mercredi 29 décembre 1875, à 3 heures du soir
DANS LA SALLE DES ACTES PUBLICS DE LA FACULTÉ

PAR

Alfred BAILLEUX,

Avocat à la Cour d'Appel.

POITIERS
IMPRIMERIE DE A. DUPRÉ
RUE DE LA PRÉFECTURE
1875

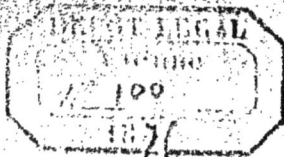

FACULTÉ DE DROIT DE POITIERS

HYPOTHÈQUE TACITE DU LOCATEUR

ACTION SERVIENNE, — INTERDIT SALVIEN,

EN DROIT ROMAIN.

DU PRIVILÉGE DU LOCATEUR

EN DROIT FRANÇAIS.

THÈSE
PRÉSENTÉE A LA FACULTÉ DE DROIT DE POITIERS
POUR OBTENIR LE GRADE DE DOCTEUR
Et soutenue le mercredi 29 décembre 1875, à 3 heures du soir
DANS LA SALLE DES ACTES PUBLICS DE LA FACULTÉ

PAR

Alfred BAILLEUX,

Avocat à la Cour d'Appel.

POITIERS
IMPRIMERIE DE A. DUPRÉ
RUE DE LA PRÉFECTURE
—
1875

FACULTÉ DE DROIT DE POITIERS.

M. Arnaud (A. ✪), secrétaire agent comptable.

COMMISSION :

Président,	M. ARNAULT DE LA MÉNARDIÈRE (A. ✪).	
Suffragants,	M. PERVINQUIÈRE, ✻ (I. ✪), M. DUCROCQ (I. ✪), M. NORMAND,	Professeurs
	M. PARENTEAU-DUBEUGNON,	Agrégé.

A MES PARENTS

A MES AMIS

DROIT ROMAIN.

PREMIÈRE PARTIE.

HYPOTHÈQUE TACITE DU BAILLEUR D'IMMEUBLES.

CHAPITRE I.

ORIGINE DE L'HYPOTHÈQUE TACITE.

Dans la législation romaine, il fut pendant longtemps fort difficile, sinon impossible aux bailleurs d'immeubles, de se procurer les moyens efficaces d'assurer l'entière exécution des obligations que le contrat de louage impose au locataire. Cet état de choses ne doit être attribué qu'à l'insuffisance et aux vices nombreux que présentait le système des garanties réelles mises à la disposition des créanciers.

A l'origine, en effet, celui qui voulait donner à son créancier une sûreté réelle devait lui transférer, par la *mancipatio* ou la *cessio in jure*, la propriété même de la chose affectée au paiement de la dette ; mais, comme le débiteur n'avait pas entendu se dépouiller irrévocablement de cette chose, on ajoutait à l'aliénation un contrat désigné sous le nom de *fiducia*, par lequel le créancier s'engageait à retransférer la propriété, dès qu'il aurait été payé de ce qui lui était dû. La convention de fiducie ne faisait pas partie intégrante de la mancipation, ainsi que l'ont pensé certains auteurs. Cette question ne peut plus être controversée,

1

depuis la découverte faite, en 1867, d'une inscription latine qui décrit les formes de l'aliénation fiduciaire. D'après cette inscription, il paraît certain aujourd'hui que la mancipation et la fiducie ne se confondaient pas ; que toutefois cette dernière suivait immédiatement la mancipation, et se faisait devant les mêmes témoins.

Ce premier système de garantie réelle, connu sous le nom d'aliénation fiduciaire, offrait au créancier une sécurité complète ; mais il présentait de graves inconvénients pour le débiteur. Celui-ci perdait la propriété de sa chose ; quelque minime que fût la dette, le même objet ne pouvait servir de gage qu'à un seul créancier ; dans certains cas, il pouvait même arriver que le débiteur fût dans l'impossibilité de recouvrer le bien engagé, quoiqu'il fût en mesure de rembourser son créancier. Si ce dernier, en effet, abusant d'un droit qui ne devait être entre ses mains qu'une simple garantie, disposait de l'objet qui lui avait été donné en gage, le débiteur, qui en avait perdu la propriété, ne pouvait le revendiquer entre les mains de l'acquéreur ; il ne pouvait qu'obtenir une indemnité pécuniaire, en exerçant contre le créancier l'action personnelle, résultant du pacte de fiducie : ressource bien illusoire s'il se trouvait en présence d'une personne insolvable.

On avait cependant cherché à améliorer autant que possible la condition du débiteur. On lui permettait le plus souvent de reprendre la jouissance de sa chose, soit gratuitement, *precario*, soit moyennant un loyer (1). D'autre part, sans juste titre ni bonne foi, il pouvait redevenir propriétaire par la simple possession annale. Cette sorte d'usucapion, que l'on appelait *usureceptio*, s'accomplissait à son profit, quoique la dette n'eût pas été remboursée, pourvu toutefois, dans cette hypothèse, que la possession ne lui eût pas été concédée à titre de précaire ou de louage.

Des restrictions, enfin, avaient été apportées aux droits si exorbitants du créancier. Ainsi il avait été admis qu'il ne jouirait des

_____

(1) Gaïus, *Comment.*, II, § 60.

fruits qu'à la charge de les imputer sur sa créance ; qu'il ne pourrait conserver la chose pour lui tenir lieu de paiement. Si le débiteur ne s'acquittait pas des obligations qu'il avait contractées à son égard, il devait la faire vendre ; et, pour prévenir toute fraude, il lui était défendu de s'en rendre acquéreur, soit par lui-même, soit par personnes interposées (1).

Malgré ces tempéraments, l'aliénation fiduciaire était un instrument de crédit bien imparfait, et l'on s'explique facilement que, de bonne heure, le droit civil ait institué un autre mode d'engagement moins dangereux pour le débiteur.

Ce nouveau système, que nous rencontrons à côté de l'aliénation fiduciaire, consistait dans la combinaison suivante. Le débiteur conservait la propriété ; il ne transférait plus au créancier que la possession de l'objet qui est destiné à former sa garantie. C'est ce que l'on appelle le gage proprement dit, ou *pignus*.

Les parties pouvaient convenir, en outre, que le créancier gagiste aurait le pouvoir d'aliéner s'il n'était pas payé à l'époque de l'échéance. A l'origine, ce droit devait lui être conféré expressément (2) ; plus tard, il fut considéré comme étant de l'essence même du *pignus*, et comme sous-entendu dans le contrat. Le créancier ne pouvait toutefois, dans le principe, user de cette faculté qu'après avoir prévenu le débiteur par trois dénonciations préalables (3) ; cette formalité ne fut plus bientôt exigée que dans l'hypothèse où le débiteur aurait eu l'intention de paralyser l'exercice du droit de vendre, en insérant dans le contrat de gage la clause *ne vendere liceat*.

Le *pignus* ne présentait pas sans doute les inconvénients de la fiducie, mais il en avait d'autres. Si le débiteur n'était plus exposé à perdre la propriété des biens donnés en gage, il était privé du moins de leur possession ; son crédit était limité, car il ne lui était pas possible d'affecter le même objet à deux dettes différentes. Quant au créancier, il ne recevait qu'une garantie

(1) Paul, *Sentences*, liv. II, tit. XIII.
(2) Gaïus, *Comment.*, II, § 64. — L. 73, D., *de furtis*.
(3) Paul, *Sentences*, liv. II, tit. V, § 1.

insuffisante. Sa sécurité dépendait de la possession du gage : et cette possession n'était protégée que par des interdits. Aucune action réelle ne lui était accordée par le droit civil. C'est ce qui explique comment l'aliénation fiduciaire, qui offrait aux créanciers des avantages bien plus considérables, était encore en vigueur à l'époque de Gaïus et de Paul.

Sous l'empire de cette législation, il était presque impossible au locataire de fournir au bailleur les sûretés dont celui-ci avait besoin pour garantir le paiement des loyers. La difficulté existait surtout pour le locataire d'un fonds rural. Toute la fortune d'un fermier consiste le plus souvent dans les esclaves, les bestiaux, les ustensiles aratoires et les autres objets mobiliers qu'il introduit dans la ferme pour l'exploitation agricole. Or il ne pouvait engager ces choses au locateur, soit par l'aliénation fiduciaire, soit par le *pignus*, sans se mettre dans l'impossibilité de cultiver le fonds qu'il avait loué. Alors même qu'il en eût repris la possession à titre précaire, il n'en était pas moins à la merci de son créancier, qui pouvait à chaque instant revenir sur sa concession et le priver de ses instruments de travail.

Cette situation délicate devait éveiller l'attention des préteurs, et les porter à chercher un moyen légal de donner au créancier des sûretés suffisantes, sans cependant dépouiller le débiteur de la propriété ni même de la possession de choses dont il avait un besoin si urgent. Aussi voyons-nous que , pour concilier les légitimes exigences du bailleur avec les nécessités du preneur, on ne tarda pas à se contenter d'une simple convention, par laquelle, sans dessaisissement actuel de la part du locataire, le bailleur était autorisé à s'emparer, à titre de gage, des *res invectæ et illatæ* si le *colonus* ne payait pas les loyers. La formule d'une semblable convention nous a été transmise par Caton dans son traité *De re rustica* : « Donicum solutum erit, aut ita satisdatum » erit, quæ in fundo illata erunt, pignori sunto. Ne quid earum » de fundo deportato. Si quid deportaverit, domini esto. »

On a justement fait observer que la dérogation était d'ailleurs peu sensible, parce que les objets engagés devaient être apportés sur le fonds, ce qui constituait pour le propriétaire une sorte de possession. La convention précédente, tout en permettant au locateur de saisir les *illata* à titre de gage, ne lui conférait cependant ni la propriété de ces objets, ni aucun droit réel sur eux, d'après le droit civil, et, par suite, aucune action n'était mise à sa disposition. Le droit prétorien vint combler cette lacune. Le préteur Salvius établit à cette occasion un interdit spécial, ayant pour but de faire acquérir en réalité au locateur la possession des choses engagées par le fermier. Ce fut l'interdit Salvien. Nous ne savons pas d'une façon précise à quelle époque cette innovation eut lieu. Suivant une conjecture de Cujas, acceptée par plusieurs commentateurs du droit romain, ce serait au célèbre jurisconsulte Salvius Julianus, contemporain d'Adrien, qu'il faudrait attribuer la création de cet interdit. Cette opinion est aujourd'hui presque universellement abandonnée. Les auteurs sont à peu près d'accord pour reconnaître que l'interdit Salvien est antérieur à l'action Servienne, qui apparaît dans la législation romaine bien avant l'époque o. Salvius Julianus. Les textes, malheureusement trop rares, que nous avons sur cette matière, n'apportent aucune lumière sur la question, et leur insuffisance a occasionné des controverses nombreuses, qui divisent encore aujourd'hui les auteurs.

La création de l'interdit Salvien réalisa assurément un progrès sensible, mais ne donna pas cependant pleine satisfaction aux intérêts du locateur. Cet interdit, étant en effet *adipiscendæ possessionis*, ne pouvait plus être d'aucune utilité au propriétaire du fonds loué, si celui-ci, après avoir obtenu la possession, venait ensuite à la perdre. L'œuvre du droit prétorien n'était pas encore achevée; pour la compléter, il fallait accorder au bailleur une action réelle, qui, dans tous les cas, lui permît de revendiquer, contre les tiers détenteurs, les *res invectæ et illatæ*. Ce dernier progrès fut réalisé par le préteur Servius, et l'action qu'il établit fut appelée de son nom, action Servienne. Il nous est impossible de dire à quelle époque cette institution prit place dans la législation romaine; elle paraît cependant être antérieure à Cicéron. Certains auteurs admettent que son auteur ne serait autre que le célèbre Servius Sulpicius, contem-

porain du grand orateur. Cette supposition n'est guère probable ;
car Cicéron lui-même, dans son plaidoyer pour Muréna, nous
apprend que son client, préteur en même temps que Servius
Sulpicius, était chargé de la fonction de rendre la justice, tandis
qu'à ce dernier était échue la direction de la *quæstio peculatus*.
Quoi qu'il en soit, le bailleur d'un fonds rural se trouve dès lors
dans une position bien préférable à celle des autres créanciers
gagistes : il a désormais la ressource d'une action *in rem*, que le
droit civil refusait à ces derniers.

L'expérience ayant prouvé l'utilité du procédé de Servius, les
préteurs en généralisèrent l'application et décidèrent qu'une
simple convention suffirait, dans tous les cas, pour conférer au
créancier, sur le bien qui lui aurait été engagé à titre de garantie, une action réelle, qui fut nommée *quasi-serviana, hypothecaria*, ou *pigneratitia in rem*. C'est ainsi que fut créée l'hypothèque. Ce résultat, auquel on arrive par la seule puissance des
déductions juridiques, peut paraître exorbitant dans les idées
romaines ; il peut néanmoins s'expliquer par l'usage assez fréquent de rétrocéder au débiteur, en vertu d'un précaire ou d'un
louage, la possession des objets qu'il donnait en gage ; on s'accou-
tuma à ne plus distinguer s'il y avait eu perte, puis reprise de la
possession, ou si le débiteur avait toujours continué à posséder.

La création de l'interdit Salvien, de l'action Servienne, et
l'extension que reçut cette dernière, permirent dès lors au
locateur de stipuler, à son profit, des garanties efficaces, sans
dépouiller les locataires des choses qui leur étaient indispensables. En louant un fonds rural, le propriétaire prit l'habitude
d'exiger du preneur l'affectation des récoltes au paiement des
fermages ; de son côté, le bailleur d'un fonds urbain eut soin
de se faire consentir un droit semblable sur les meubles apportés par le locataire. Ces conventions devinrent d'un usage telle-
ment fréquent, qu'elles furent considérées comme sous-enten-
dues dans le contrat de louage d'un immeuble ; et la loi, se
faisant l'interprète de la volonté probable des parties, finit par
accorder au bailleur une hypothèque spéciale. L'introduction à
Rome de l'hypothèque tacite du locateur d'un fonds urbain

nous est expliquée par Balduinus dans les termes suivants : « Il
» y eut de bonne heure à Rome, dit-il, une grande quantité de
» gens peu aisés, qui étaient obligés de se loger dans les mai-
» sons ou plutôt dans les chambres qu'ils louaient. On les appe-
» lait pour ce motif *cœnacularii*. Or l'usage était de ne payer le
» loyer qu'à l'expiration de l'année, aux calendes de juillet ; et
» le locataire, étant le plus souvent dans l'impossibilité de trou-
» ver un fidéjusseur solvable qui répondît pour lui, n'avait
» d'autre ressource, pour décider le propriétaire à lui consentir
» un bail, que d'offrir comme sûreté le mobilier dont il garnis-
» sait les lieux loués. Cet usage, que la présence à Rome d'un
» très-grand nombre d'étrangers rendit encore plus nécessaire
» et plus général, devint la règle ; et, comme jamais la défiance
» prudente du propriétaire romain ne consentait à louer sans
» ce pacte relatif à l'engagement des *invecta* et des *illata*, on
» arriva à le supprimer. »

Pour assurer au locateur d'un fonds urbain une garantie plus
complète, on avait autorisé celui-ci à retenir les meubles apportés dans sa maison, en s'opposant à leur sortie par voie de *perclusio*, ainsi qu'il résulte de la loi 9, D., *in quib. caus. pign.*, et
de plusieurs autres textes. Cette faculté pouvant toutefois donner lieu à des abus, on avait accordé au locataire l'interdit *de
migrando*, qui lui permettait d'éviter, de la part du bailleur,
tout obstacle à l'enlèvement de ses meubles, quand il avait satisfait à toutes ses obligations.

Le locateur d'un fonds rural n'avait pas à sa disposition un
pareil expédient ; la voie de la *perclusio* lui était inutile ; car,
grâce à l'interdit Salvien, il avait un moyen efficace d'acquérir
la possession des objets engagés par le fermier.

Nous devons faire observer enfin, en terminant, que l'hypothèque tacite du locateur d'un fonds urbain ne reçut pas immédiatement une application générale. Dans le principe, elle fut
restreinte à la ville de Rome et à son territoire, et ne pouvait
être invoquée dans les provinces. Il paraît cependant que certains
proconsuls reconnaissaient son existence dans les pays dont ils
avaient le gouvernement ; mais cette pratique n'avait pas été

sanctionnée législativement. Dans une lettre adressée à Trajan, Pline le Jeune (1) avait bien demandé à l'empereur de prendre une décision à cet égard. Celui-ci toutefois n'avait pas fait droit à cette requête, et aucune modification n'avait été apportée à l'état de choses actuel. Plus tard le bénéfice de l'hypothèque tacite fut concédé à la ville de Constantinople, qui était devenue une autre Rome ; enfin, à l'époque de Justinien, il fut étendu à toutes les provinces de l'empire romain. Cette extension résulte d'une Constitution de l'année 532 : « Sancimus, de invectis » a conductore rebus et illatis quæ domino pro pensionibus » tacite obligantur, non solum in utraque Roma et territorio » earum hoc jus locum habere, sed etiam in nostris provinciis. » Tali enim justa præsumptione etiam omnes nostros provin- » ciales perpotiri desideramus (2). »

CHAPITRE II.

A QUI APPARTIENT L'HYPOTHÈQUE TACITE. - DIFFÉRENCE ENTRE LE LOCATEUR D'UN FONDS URBAIN ET LE LOCATEUR D'UN FONDS RURAL.

L'hypothèque tacite appartient à toute personne qui a loué valablement un fonds urbain ou rural, sans qu'il y ait à rechercher si elle a ou n'a pas le titre de propriétaire. Ainsi, le sous-locateur, l'usufruitier, le simple possesseur de bonne foi de l'immeuble donné à bail pourront se prévaloir de cette garantie. Elle semble, en effet, attachée par les textes, non à la qualité de propriétaire, mais à celle de bailleur. C'est ce qui ressort notamment d'un fragment de Paul ainsi conçu : « Item quia » conventiones etiam tacite valent, placet in urbanis habitatio- » nibus locandis, invecta illata pignori esse *locatori*, etiam si » nihil nominatim convenerit » (l. 4, pr., D., *de pactis*). Cette

(1) Liv. X, let. 109.
(2) L. 7, C., *in quib. caus, pign. vel hyp.*

solution est encore confirmée par Ulpien, qui, dans la loi 11, § 5, D., *de pign. act.* (1), nous apprend que le sous-locataire pourrait exercer contre son bailleur, le locataire principal, l'action *pigne-ratitia*, dans l'hypothèse où il aurait payé au propriétaire de la maison le montant de son loyer. Qu'est-ce à dire, sinon que les objets apportés par le sous-locataire sont hypothéqués tacitement au locataire principal ; car autrement on ne comprendrait pas pour quel motif le jurisconsulte fait mention de l'action *pignera-titia*, qui suppose l'existence d'un gage.

Un texte cependant semble restreindre la portée que nous attribuons à l'hypothèque tacite, et ne l'accorder qu'au propriétaire du fonds loué. Nous voyons, en effet, dans la loi 7, pr., D., *in quib. caus. pign. vel hyp.*, Pomponius s'exprimer dans les termes suivants : « In prædiis rusticis fructus qui ibi nascuntur, » tacite intelliguntur pignori esse *domino fundi locati*, etiam si » nominatim id non convenerit. » Une contradiction existe-t-elle donc entre cette loi et les autres fragments que nous venons de citer ? Nous ne le pensons pas. On pourrait d'abord prétendre, avec certains auteurs, que cette décision de Pomponius est spéciale au locateur d'un fonds rural, et qu'elle ne doit pas être étendue au locateur d'un fonds urbain. Mais, sans nous arrêter à cette réponse qui nous paraît peu concluante, nous pouvons faire disparaître toute contradiction, en disant que le jurisconsulte n'a point entendu faire de l'hypothèque tacite une faveur réservée exclusivement au propriétaire de l'immeuble donné à bail. La loi 7 ne semble pas être conçue dans un sens restrictif ; elle se borne à statuer sur l'hypothèse qui se présentera le plus souvent, celle où le locateur aura la qualité de propriétaire. Il n'y aurait, du reste, rationnellement aucun motif pour refuser le bénéfice de l'hypothèque à celui qui n'aurait point ce titre.

Que décider si nous nous trouvons en présence d'un contrat d'emphytéose ? Le concédant a-t-il droit à l'hypothèque tacite du locateur pour assurer le paiement des redevances qui lui sont

---

(1) « Si domum conduxeris, et ejus partem mihi locaveris, egoque lo-catori tuo pensionem solvero, pigneratitia adversus te potero experiri. »

dues par l'emphytéote ? Aucun texte, à notre connaissance, ne prévoit cette question, qui divisait les anciens commentateurs du droit romain. Sans doute le concédant a le même intérêt qu'un bailleur ordinaire à se prévaloir de l'hypothèque ; mais la raison de douter vient de ce que, dans ce cas, il n'y a pas à proprement parler un contrat de louage. L'emphytéose, ainsi que le déclare Zénon dans la loi 1, C., *de jure emph.* (1), est un contrat d'une nature spéciale ; elle présente certains caractères du bail, de l'usufruit et même un peu de la propriété, sans être véritablement ni un bail, ni un usufruit, ni un droit de propriété. Aussi sommes-nous assez porté à croire que l'hypothèque tacite ne devait pas trouver place dans une semblable hypothèse, et que le concédant ne pouvait se mettre en garde contre l'insolvabilité de l'emphytéote qu'en stipulant de celui-ci des sûretés spéciales. Cette solution cependant n'est pas acceptée par tous les auteurs. Suivant quelques-uns, le propriétaire du fonds, sur lequel porte le droit d'emphytéose, devrait être complétement assimilé au locateur, et par conséquent devrait avoir les mêmes garanties que celui-ci.

Toute personne, avons-nous dit, qui joue le rôle de bailleur a droit à l'hypothèque tacite ; mais quant aux choses sur lesquelles porte cette dernière, il y a un grand intérêt à savoir si l'on se trouve en présence d'un locateur d'un fonds urbain ou d'un locateur d'un fonds rural. Tandis que l'hypothèque du premier frappe tous les meubles introduits dans les lieux loués, celle du second au contraire est restreinte aux récoltes, différence qui, du reste, se justifie très-bien par cette considération que le bailleur d'un bien rural est suffisamment assuré du paiement de ses fermages par l'hypothèque qu'il a sur les fruits, et n'a pas besoin d'avoir, en outre, une hypothèque sur les objets apportés par le preneur. Nous devons donc, avant tout, rechercher les carac-

(1) Avant cette constitution de Zénon, les jurisconsultes romains voyaient généralement dans l'emphytéose un louage, et, par suite, devaient accorder l'hypothèque tacite du locateur au propriétaire du fonds concédé.

tères auxquels nous devrons nous attacher pour distinguer le *prædium urbanum* du *prædium rusticum*.

Il n'est point rare de trouver dans les textes les expressions *rusticus, urbanus* opposées l'une à l'autre ; mais elles n'ont point partout le même sens. Ainsi, s'agit-il de servitudes, on appelle fonds ruraux toutes les propriétés non bâties, quelle qu'en soit la situation, et fonds urbains les maisons et autres constructions. Ailleurs, si les jurisconsultes romains ne s'occupent que de la nature de l'immeuble en lui-même, ils entendent par fonds ruraux non-seulement les champs, mais encore les bâtiments qui y sont élevés pour leur exploitation, et nomment propriétés urbaines non-seulement les bâtiments de la ville, mais encore les cours, les jardins qui en sont l'accessoire. C'est ainsi qu'Ulpien nous dit dans la loi 198, D., *de verb. sig.* : « Urbana prædia
» omnia ædificia accipimus, non solum ea quæ sunt in oppidis,
» sed si stabula sunt, vel alia meritoria in villis et in vicis; vel
» si prætoria voluptati tantum deservientia ; *quia urbanum præ-*
» *dium non locus facit, sed materia.* Proinde hortos quoque, si
» qui sunt in ædificiis constituti, dicendum sit urbanorum
» appellatione contineri. Plane si plurimum horti in reditu
» sunt, vinearii forte vel etiam olitorii, magis hæc non sunt
» urbana. » Ce sont encore les mêmes idées que nous voyons reproduites dans la loi 16, C., *de præd. et al. reb. min.*

Ce dernier caractère distinctif des *prædia urbana* et des *prædia rustica* doit être appliqué à la matière que nous étudions. Nous devons faire observer toutefois, avec Nératius (1), que certains fonds ruraux sont ici traités comme des fonds urbains ; de telle sorte que les choses apportées par le preneur sont affectées à la garantie du locateur des propriétés classées dans cette catégorie spéciale. Aussi serions-nous assez disposé à formuler cette règle, qu'au point de vue de l'hypothèque tacite du bailleur, c'est à la question de savoir si le fonds loué produit ou non des fruits naturels ou industriels qu'il faut s'attacher pour distinguer le *prædium rusticum* du *prædium urbanum.* Cette règle que nous

_____

(1) LL. 3 et 4, D., *in quib. caus. pign.*

donnons n'est point écrite dans les textes ; mais elle nous paraît résulter de leur combinaison. Elle n'a, du reste, qu'un but unique, celui de faire connaître les objets soumis à l'hypothèque du locateur ; car nous reconnaissons qu'elle serait inexacte si on voulait l'appliquer à la détermination de la nature de l'immeuble en lui-même.

D'après ce qui précède, il nous semble donc peu important, en ce qui concerne le sujet dont nous nous occupons, de chercher à concilier la loi 198, *de verb. sig.*, dans laquelle Ulpien range les étables parmi les *prædia urbana*, avec la loi 4, *in quib. caus. pign.*, où Nératius en fait des *prædia urbana ;* et nous ne nous arrêterons pas à combattre avec Doneau les auteurs qui ont prétendu que l'expression *stabula* ne devait pas avoir le même sens dans les deux lois que nous avons citées.

CHAPITRE III.

DES CHOSES SUR LESQUELLES PORTE L'HYPOTHÈQUE TACITE DU LOCATEUR.

Nous avons dit déjà qu'au point de vue des objets soumis à l'hypothèque tacite du locateur, les textes faisaient une distinction entre le locateur d'un fonds urbain et le locateur d'un fonds rural. Nous aurons donc à *étudier* séparément les deux cas.

§ I. — *Hypothèque du locateur d'un fonds urbain.*

Le principe, en ce qui concerne les fonds urbains, est que l'hypothèque du bailleur frappe tous les objets introduits dans les lieux loués, pourvu qu'ils soient susceptibles d'hypothèque. C'est ce que Paul nous apprend dans la loi 4, D., *de pactis*, dont nous avons déjà eu l'occasion de parler ; et le témoignage de ce jurisconsulte se trouve confirmé par la loi 4, D., *in quib. caus. pign.*, qui s'exprime en ces termes : « Eo jure utimur, ut quæ in

» prædia urbana inducta illata sunt, pignori esse credantur,
» quasi id convenerit. »

Aucune convention expresse n'est donc exigée ; mais la naissance de l'hypothèque est subordonnée à une condition essentielle, à l'apport qui doit être effectué par le locataire. Elle
n'existera donc pas par cela seul qu'un contrat de louage aura été
formé ; il faudra, en outre, la réalisation de la condition que
nous avons indiquée. C'est ce qui résulte de la loi 11, § 2, D., *qui
pot. in pign.* Dans ce fragment, Gaïus prévoit l'hypothèse suivante : Un fermier, après avoir promis *ut inducta in fundum,
illata, ibi nata, pignori essent,* hypothèque un objet à un autre
créancier, et apporte ensuite cet objet sur le fonds donné à bail.
Pour trancher le conflit que cette situation va produire, il faudra
appliquer le principe du droit romain : *potior tempore, potior
jure.* De ces deux créanciers rivaux, celui-là doit être préféré
dont le droit est le plus ancien. Or la loi 11 décide que le bailleur sera primé par celui qui a reçu une hypothèque spéciale et
non conditionnelle, par la raison que ce n'est que par le fait de
leur introduction dans les lieux loués que les meubles sont affectés au paiement des fermages, et que cette introduction a eu
lieu postérieurement à la constitution de l'hypothèque spéciale,
« quia non ex conventione priori obligatur, sed ex eo quod in-
» ducta non est, quod posterius factum est. »

La solution de Gaïus semble toutefois contraire à la loi 9,
D., *qui pot. in pign.* Dans ce texte, Africain suppose qu'une personne prend à bail une maison de bains à partir des calendes
prochaines, et convient que l'esclave Eros sera engagé pour répondre des obligations que le contrat lui impose. La même personne, avant les calendes, donne en gage ce même esclave Eros
à un autre créancier, auquel elle doit une somme d'argent. Dans
ce cas, décide le jurisconsulte, l'hypothèque conférée au locateur doit primer celle de l'autre créancier ; car, bien que l'esclave
ait été engagé à une époque où il n'était encore rien dû pour la
location, le droit du bailleur ne pouvait cependant être résolu
sans le consentement de celui-ci.

La contradiction qui paraît résulter du rapprochement de ces deux lois n'est qu'apparente. Les espèces qu'elles prévoient ne sont pas identiques. Dans la loi 9, il s'agit de la constitution d'une hypothèque sur un objet spécialement déterminé. L'esclave Eros a été, dès le principe, individuellement désigné comme devant garantir le paiement des loyers. Si, dans ce cas, l'hypothèque existe du jour même où elle a été consentie, c'est qu'il ne faut pas laisser au locataire un moyen de détruire indirectement cette sûreté particulière qu'il a donnée au bailleur. C'est sur l'esclave Eros que ce dernier a dû seulement compter, pour assurer l'exécution des obligations que le preneur contracte envers lui ; ce serait donc le tromper dans une attente légitime que de permettre au locataire de grever cet esclave d'un droit préférable au sien. Tout autre, au contraire, est l'espèce dont s'occupe Gaïus dans la loi 11. Les parties sont convenues que le bailleur aurait une hypothèque sur les *res invectæ et illatæ*. L'existence, comme l'étendue de l'hypothèque, est subordonnée au bon plaisir du fermier, qui reste libre de ne rien apporter, et peut par conséquent, avec la même liberté, n'introduire dans la ferme que des objets déjà grevés d'un droit opposable à celui du bailleur. Celui-ci ne peut se plaindre, car il a consenti à restreindre son gage, et connaissait parfaitement les dangers auxquels il pouvait être exposé.

La condition qui était ainsi exigée pour que l'hypothèque tacite du locateur pût prendre naissance, nous explique pourquoi les jurisconsultes romains s'attachent à déterminer avec soin le caractère que doit présenter l'apport effectué par le locataire. Le fait d'une présence sur le fonds qui ne serait que transitoire et temporaire ne suffirait pas. Il faut que les objets introduits sur le fonds soient destinés à y rester à demeure, à y avoir leur siége habituel. Cette condition est formellement requise dans le cas où l'hypothèque résulte d'une convention expresse. La loi 32, D., *de pign.*, ne laisse aucun doute à cet égard. Dans ce fragment, Scœvola suppose qu'entre les parties il a été stipulé « ut quæcumque in prædia pignori data, inducta, invecta, im- » portata, ibi nata, paratave essent, pignori essent. » Une partie des terres étant sans fermier, le débiteur en a confié la culture à l'esclave chargé de la gestion de ses affaires, et lui a assigné en même temps les esclaves nécessaires à l'exploitation agricole. Ces différents esclaves seront-ils hypothéqués au créancier?

A cette question le jurisconsulte répond qu'il n'y a d'obligés que ceux « *qui hoc animo a domino inducti essent ut ibi perpetuo essent.* » Ce sont encore à peu près les mêmes termes que nous trouvons dans la loi 7, § 1, D., *in quib. caus. pign.*, à propos de l'hypothèque tacite : « *Videndum est ne omnia illata vel inducta,* » sed ea sola quæ ut ibi sint illata fuerint pignori sint? Quod ma- » gis est. » Cela se comprend du reste fort bien : l'hypothèque tacite a pour fondement une convention présumée entre les parties ; or il est naturel d'admettre qu'elles n'ont entendu engager que les objets que le preneur laisserait à demeure dans la maison louée, et non pas ceux qu'il apporterait seulement pour un temps déterminé. Décider autrement serait aller contre l'intention des contractants, et enchaîner la liberté du locataire.

Certains auteurs vont même beaucoup plus loin : suivant eux, le locataire ne pourrait se prévaloir de son hypothèque que si les choses introduites dans les lieux loués y sont demeurées, et y ont eu leur siège permanent pendant toute la durée du bail ; un simple déplacement suffirait pour anéantir le droit du bailleur. Cette opinion nous paraît un peu exagérée. Elle se montre plus rigoureuse que les textes, et conduit à des résultats inadmissibles. Si, en effet, cette doctrine devait être acceptée, la garantie du bailleur serait bien restreinte, et pourrait même devenir le plus souvent complétement illusoire. Quelles sont les *res invectæ et illatæ* qui resteront sur le fonds pendant tout le temps du bail ! Soit pour un motif, soit pour un autre, le locataire éprouvera le besoin de les déplacer momentanément, tout en ayant l'intention de les remettre ensuite à leur place ordinaire, après en avoir retiré l'usage pour lequel il les avait enlevées. Cela va-t-il donc suffire pour paralyser le droit du locateur? On ne saurait le soutenir, surtout si on considère que par là on encourage en quelque sorte les fraudes du locataire, puisque l'on met à sa disposition un moyen facile de soustraire ses meubles à l'hypothèque tacite.

D'après ce qui précède, il semblerait que l'hypothèque du

locateur ne devrait pas porter sur les marchandises garnissant les magasins donnés à bail. Elles sont destinées à être vendues dans un délai assez court, et, par suite, on ne peut pas dire qu'elles sont entrées dans les magasins *ut ibi sint, ut perpetuo ibi sint.* Cette solution se trouverait cependant en contradiction avec les textes, qui, tous, supposent que ces choses peuvent être soumises à l'hypothèque. C'est ainsi qu'Ulpien nous dit, dans la loi 3, D., *in quib. caus. pign. :* « Si horreum fuit conductum, vel » diversorium, vel area, tacitam conventionem de invectis illa- » tis etiam in his locum habere putat Neratius; quod verius est.» Ce n'est pas à dire évidemment que l'hypothèque portera spécia- lement sur chacune des marchandises qui entrera dans la bou- tique, et sera opposable aux tiers acheteurs. Telle n'a pu être vraisemblablement l'intention des parties au moment où le con- trat de bail s'est formé, car tout commerce eût été impossible au locataire. Mais on peut admettre que l'hypothèque frappera les marchandises considérées *in genere,* comme faisant partie d'une *universitas,* le fonds de commerce ; de telle sorte que le locateur ne pourra exercer ses droits que sur les objets qui se trouveront dans le magasin au moment de l'échéance du loyer; quant à ceux qui auront été vendus, ils seront complétement affranchis de l'hypothèque. Le gage du bailleur ne reçoit aucune atteinte puisque des choses nouvelles seront venues remplacer celles qui ont été aliénées. Cette décision nous est donnée, du reste, par Scœvola dans la loi 34, D., *de pign. et hyp.,* pour l'hy- pothèse où un magasin a été engagé à un créancier : « Si eas » mercedes per tempora distraxerit, et alias comparaverit, eas- » que in eam tabernam intulerit, et decesserit, an omnia quæ » ibideprehenduntur, creditor hypothecaria actione petere possit, » cum et mercium species mutatæ sint et res aliæ illatæ? Res- » pondit : ea quæ mortis tempore debitoris in taberna inventa » sunt, pignori obligata esse videntur. » Nous trouvons une so- lution analogue dans un texte de Marcien (1), qui, supposant que l'on donne un troupeau en gage, décide que le gage portera sur

(1) L. 13, pr., D., *de pign. et hyp.*

le troupeau tout entier, alors même qu'il aurait été totalement renouvelé.

Quelque favorable que fût l'hypothèque du locateur, elle ne pouvait cependant frapper que les *res invectæ et illatæ*, dont le preneur était propriétaire, ou tout au moins celles à l'occasion desquelles il eût pu intenter l'action publicienne, s'il en eût perdu la possession (1). Aussi le bailleur n'aurait-il aucun droit sur les objets qui n'ont été confiés au locataire qu'en raison de sa profession. Tels seraient les effets des voyageurs déposés dans une auberge ; les bijoux donnés à un orfèvre pour les réparer.

Devrons-nous donner la même solution à l'égard des choses reçues par le locataire à titre de commodat, de louage ? Cette question divise les auteurs.

Il semblerait que ces choses ne devraient jamais être soumises à l'hypothèque tacite, par application du principe : *Res aliena pignori dari non potest* (l. 6, Cod., *si alien.*). La solution contraire nous paraît toutefois préférable, dans tous les cas où l'on pourra prouver que leur propriétaire avait consenti à ce qu'elles fussent obligées aux loyers : *Aliena res pignori dari voluntate domini potest* (l. 20, D., *de pign. act.*). Ce consentement pourrait, à notre avis, s'induire de cette circonstance que le propriétaire avait connaissance de l'apport effectué par le preneur ; il ne devait pas ignorer que les *res invectæ et illatæ* répondent de toutes les obligations du bail, et s'il voulait soustraire ses meubles à l'hypothèque tacite, il devait prévenir le bailleur. Autrement il eût été pour ainsi dire complice de la fraude du locataire. Cette solution nous semble pouvoir résulter, par analogie, de la loi 2 au Code, *si aliena res pign.* A ce qui précède nous devons ajouter une observation qui nous est dictée par la loi 1, § 5, D., *de migrando*. Ce texte est positif pour accorder au locateur la faculté de retenir les meubles apportés dans sa maison, par cela seul qu'ils ont été introduits *pignoris nomine* dans les lieux loués, alors même qu'un droit de gage n'aurait pas pu s'établir sur eux. Cette dernière question donnera lieu à une instance dans

_____

(1) L. 18, D., *de pign. et hyp.*

2

laquelle le bailleur pourra succomber, si l'apport n'a pas eu lieu avec le consentement du propriétaire ; mais, provisoirement, il est autorisé à repousser l'exercice de l'interdit *de migrando*, tant qu'il n'est pas complétement satisfait.

Que décider à l'égard des meubles des sous-locataires ? Sont-ils affectés à la garantie du propriétaire des lieux loués ? La négative est soutenue par un certain nombre d'anciens commentateurs du droit romain. Le sous-locataire, disent-ils, ne doit rien au locateur principal : aucun contrat n'ayant été formé entre eux, aucune obligation n'a pu prendre naissance ; par conséquent, ses meubles ne doivent pas être frappés de l'hypothèque tacite, dont le but est d'assurer le paiement des créances qui peuvent être réclamées par l'action *locati*, ainsi que le dit Marcien dans la loi 2, D., *in quib. caus. pign.* Cette opinion nous paraît inexacte. Si, en effet, aucun contrat proprement dit n'est intervenu entre le sous-locataire et le propriétaire, on peut soutenir qu'il y a eu entre ces personnes une sorte de convention tacite, en vertu de laquelle le sous-locataire a consenti que les *res invectæ et illatæ* fussent hypothéquées, au moins jusqu'à concurrence du prix de la sous-location. C'est ce qu'Ulpien indique fort bien dans la loi 11, § 5, D., *de pign. act.* : « Plane in eam summam invecta » mea et illata tenebuntur, in quam cœnaculum conduxi : non » enim credibile est hoc convenisse ut ad universam pensionem » insulæ frivola mea tenerentur. *Videtur autem tacite et cum do-* » *mino ædium hoc convenisse, ut non pactio cœnacularii proficiat* » *domino, sed sua propria.* » Ainsi, la seule question qui semble au jurisconsulte devoir soulever quelque difficulté, c'est celle de savoir dans quelle limite les objets apportés par le sous-locataire seront grevés de l'hypothèque tacite ; mais, quant à l'existence même de cette hypothèque au profit du locateur principal, il paraît l'admettre de la façon la plus évidente.

La loi 5, D., *in quib., caus. pign.* fournit, du reste, à l'appui de notre théorie, un argument *a contrario*. Lorsque le locataire d'une maison, nous dit Marcien, rapportant une opinion de Pomponius, m'a concédé une habitation gratuite, mes meubles ne seront pas engagés au propriétaire. Que conclure de ce fragment, sinon que, lorsqu'il n'y a pas eu une concession gratuite, mais une véritable sous-location, les choses introduites par le sous-locataire sont affectées à la garantie du premier locateur ; s'il en était autrement, on ne comprendrait guère que Marcien ait pris soin de s'expliquer formellement sur cette question.

Un texte de Paul paraît cependant, au premier abord, contredire notre solution. Ce jurisconsulte suppose, dans la loi 24, § 1, D., *local. cond.*, qu'un fermier sous-loue la ferme qu'il exploitait, et il décide que les objets mobiliers apportés par le sous-fermier ne seront point affectés à la garantie du propriétaire : *Si colonus locaverit fundum, res posterioris conductoris domino non obligantur.* Cette contradiction n'est qu'apparente, et elle disparaît bientôt si l'on considère que, dans l'hypothèse prévue par cette loi, il s'agit d'un *prædium rusticum.* Or, lorsqu'il y a louage d'un fonds de cette nature, les *res invectæ et illatæ* ne sont engagées au profit du bailleur que si une convention expresse est intervenue à cet égard entre les parties. Les fruits seuls sont hypothéqués tacitement ; et nous voyons, dans la partie finale du § 1 de la loi 24, que le propriétaire pourra exercer sur eux tous les droits qui lui auraient appartenu, s'ils avaient été perçus par le fermier principal : *Sed fructus in causa pignoris manent, quemadmodum esset si primus colonus eos percepisset.*

L'hypothèque tacite du locateur peut-elle porter sur les meubles des mineurs ? Cette question est assez vivement controversée. Ce qui peut faire naître le doute, c'est qu'aux termes d'une constitution de l'empereur Constantin (1), qui complétait les dispositions d'un sénatus-consulte de Septime Sévère, l'aliénation des meubles précieux appartenant aux pupilles fut interdite aux tuteurs, et à l'aliénation proprement dite on assimila fort sagement toute constitution de gage ou d'hypothèque. Nous pensons néanmoins que le bailleur peut exercer ses droits sur les *res invectæ et illatæ*, quoiqu'elles soient la propriété d'un locataire mineur. La prohibition édictée par Constantin n'a d'autre but que d'éviter les inconvénients possibles de la transformation du

(1) L. 22, C., *de adm. tut.*

patrimoine du pupille. L'empereur voulait empêcher par là que les biens ne fussent vendus à un prix inférieur à leur valeur réelle, et en même temps faire obstacle aux fraudes qui pouvaient être pratiquées *(ut fraudi locus non sit)*. Mais, dans l'hypothèse qui nous occupe, ces dangers ne sont pas à craindre; l'hypothèque dont les *res invectæ et illatæ* vont être grevées résulte de la loi, et l'on ne saurait refuser à celle-ci un effet que le simple décret d'un magistrat peut produire. Nous pouvons ajouter que, dans certains cas exceptionnels, les tuteurs et curateurs pouvaient hypothéquer les biens du mineur, lorsque celui-ci avait retiré quelque profit de la dette à l'occasion de laquelle l'hypothèque avait été consentie : par exemple s'il s'agissait d'un prêt d'argent. C'est ce que nous apprennent les lois 16, pr., D., *de pign. act.*, et 3, C., *si res alien. pign.* De ces textes, nous pouvons tirer un argument d'analogie. Les obligations imposées par le louage, et dont l'exécution est garantie par l'hypothèque tacite, prennent leur source dans un contrat qui a procuré au mineur une des premières nécessités de l'existence. Pour quelle raison le bailleur serait-il moins bien traité que celui qui a prêté une somme d'argent ? Décider autrement, c'est presque mettre les mineurs dans l'impossibilité de se procurer l'habitation dont ils ont besoin ; car quel est le propriétaire qui consentirait à louer sa maison s'il ne pouvait avoir les sûretés qui lui sont accordées par le droit commun ? Remarquons enfin que les textes se bornent à constater d'une façon générale que l'hypothèque existe sur les *res invectæ et illatæ*, sans distinguer si le locataire est majeur ou mineur.

Après avoir ainsi déterminé la portée de cette règle, que le bailleur d'un fonds urbain a une hypothèque tacite sur les objets introduits par le preneur dans les lieux loués, nous devons maintenant faire connaître les exceptions qui y étaient apportées. Ces exceptions sont relatives :

1° Aux choses qui ne sont dans la maison qu'en passant et avec la destination d'être transportées dans un autre lieu ;

2° Aux créances. Si matériellement, en effet, les titres qui constatent l'existence de ces droits ont été déposés dans l'édifice donné à bail, il est impossible de dire que les créances dont ils sont la représentation ont été introduites dans le fonds loué pour y avoir leur siége habituel. Par leur nature même, elles ne peuvent avoir aucune situation *(nullo continentur loco)* ;

3° A l'argent comptant; car, étant destiné à être dépensé au dehors, on ne peut prétendre qu'il est dans la maison pour y demeurer.

Certains auteurs vont même plus loin, et aux trois exceptions que nous avons signalées ils en ajoutent une quatrième. Cette dernière s'appliquerait aux choses indispensables aux besoins journaliers du locataire, et à celles pour lesquelles il a une affection particulière, par exemple les meubles meublants, la vaisselle, les livres d'étude, les collections de tableaux ou de statues. Nous ne pouvons accepter cette opinion ; suivant nous, tous ces objets doivent être frappés par l'hypothèque du locateur. Il est vrai qu'aux termes des lois 6 et 7, D., *de pign. et hyp.*, ces choses ne sont pas comprises dans l'obligation générale de tous les biens que le débiteur possède ou pourra posséder. Mais cette solution, qui s'applique aisément dans l'hypothèse prévue par ces textos, n'aurait plus sa raison d'être si on voulait la transporter dans la matière que nous étudions. Lorsqu'il s'agit d'une hypothèque générale que le débiteur consent sur tous les biens, *quos habuit et habiturus sit*, on peut décider, sans injustice, que les meubles qui sont d'un usage journalier et d'une valeur assurément bien minime, par rapport aux autres biens hypothéqués, seront tacitement exclus de la convention qui est intervenue entre les parties.

Le créancier, qui conserve un gage suffisant, n'éprouvera pas un grand préjudice. Si, au contraire, ces mêmes objets se trouvaient exclus de l'hypothèque tacite du locateur, la garantie que la loi accorde à ce dernier serait bien restreinte. Les choses sur lesquelles, dans le système que nous combattons, le bailleur ne doit avoir aucun droit, constitueront, le plus souvent, la majeure partie de l'apport, quelquefois même tout l'apport réalisé par le locataire. C'est donc sur elles que le propriétaire a dû compter pour assurer le paiement des loyers.

§ II. — *Hypothèque tacite du locateur d'un fonds rural.*

Le bailleur d'un fonds rural a une hypothèque tacite sur les fruits produits par ce fonds. C'est ce que Pomponius nous apprend dans la loi 7, D., *in quib. caus. pign. :* « In prædiis rusticis » fructus qui ibi nascuntur, tacite intelliguntur pignori esse » domino fundi locati, etiamsi nominatim id non convenerit. » Aucune distinction ne doit être faite entre les fruits naturels et les fruits industriels ; les uns et les autres répondent de la fidèle exécution des obligations du fermier. Mais l'hypothèque ne devrait pas s'étendre à ceux qui sont encore pendants par branches et par racines; elle ne peut prendre naissance qu'au moment de la perception ; à cette époque seulement, les fruits deviennent la propriété du fermier; jusque-là, ils font partie intégrante du fonds. L'hypothèque ne pourrait pas non plus porter sur les biens que le colon aurait achetés avec le prix des fruits vendus (1). Ajoutons enfin que si les fruits ont été clandestinement enlevés de la ferme par le preneur, le bailleur aurait contre celui-ci l'action de vol (L. 61, § 8, D., *de furtis*). S'il y a eu sous-location du fonds rural, il n'est pas douteux que le propriétaire ne puisse exercer ses droits sur les récoltes perçues par le sous-fermier; mais une difficulté peut se présenter si nous supposons que le second bail a été consenti pour un prix inférieur à celui du premier. Ainsi Séius a loué à Titius une terre moyennant un fermage de cent, et Titius a sous-loué la même terre à Caïus pour quatre-vingt-dix : les fruits seront-ils engagés pour la totalité des fermages dus par le fermier principal Titius, ou seulement jusqu'à concurrence de ce que doit le sous-fermier Caïus ? Quoique la question soit controversée, nous n'hésitons pas à admettre ici une solution différente de celle que nous avons donnée pour le cas de sous-location d'un fonds urbain, et à décider que les fruits devront répondre de la totalité des fermages

(1) L. 3, C., *in quib. caus. pign.*

dus au propriétaire du fonds. A l'appui de cette opinion, nous
pouvons invoquer une loi que nous avons déjà citée, la loi 24,
§ 1, D., *locat. cond.*, dans laquelle nous voyons Paul nous dire
que si les fruits ont été récoltés par le sous-fermier, tout doit se
passer comme s'ils avaient été perçus par le locataire principal :
*Fructus in causa pignoris manent, quemadmodum esset si primus
colonus eos percepisset.*

Assurément, ce jurisconsulte ne s'exprimerait pas ainsi si les
récoltes n'étaient hypothéquées que jusqu'à concurrence du prix
du second bail. A cet argument de texte on peut, avec Voët,
joindre cette considération que le locateur reste propriétaire des
fruits jusqu'au moment où ils sont détachés du sol de son consentement exprès ou tacite. Or ce consentement du bailleur ne
peut guère vraisemblablement être présumé sans la réserve de
son hypothèque dans son intégrité.

Nous avons seulement admis jusqu'ici que le bailleur d'un fonds
rural n'avait hypothèque que sur les fruits; mais ne faut-il pas
aller plus loin et étendre son droit aux *res invectæ et illatæ?* Certains auteurs l'ont prétendu; suivant eux, la seule différence entre
le locateur d'un *prædium urbanum* et le locateur d'un *prædium
rusticum* consisterait uniquement en ce que les choses introduites par le locataire sur un fonds urbain seraient toujours soumises à l'hypothèque tacite, alors même qu'elles auraient été
apportées à l'insu du propriétaire, tandis qu'au contraire les *res
invectæ et illatæ* dans un fonds rural ne seraient engagées que si
leur apport avait été effectué à la connaissance du bailleur. Ces
auteurs basent leur système sur un rescrit de l'empereur
Alexandre, qui est ainsi conçu : « Certi juris est, ea quæ *volun-
» tate dominorum* colonii in fundum conductum induxerint,
» pignoris jure dominis prædiorum teneri. Quando autem
» domus locatur, non est necessaria in rebus inductis et illatis
» scientia domini : nam ea quoque pignoris jure tenentur »
(l. 5, C., *locat. cond.*).

Telle n'est point notre opinion. Si la constitution d'Alexandre
avait réellement le sens qu'on veut lui donner, elle se trouverait en contradiction avec plusieurs autres textes du Digeste

qui restreignent tous l'hypothèque tacite du locateur d'un *prædium rusticum* aux fruits produits par ce fonds. Dira-t-on que cette disposition de la loi 5 est une innovation d'Alexandre? Cela paraît peu probable, car les termes de la constitution semblent indiquer que son auteur ne fait que consacrer une règle universellement admise. Il faut donc chercher une autre explication de ce texte. Suivant les partisans du système que nous repoussons, les expressions *voluntate dominorum* qui se trouvent au commencement de la loi devraient se traduire *à la connaissance des propriétaires*, et auraient absolument le même sens que le mot *scientia* qui figure dans la seconde partie de ce texte. Cette interprétation ne nous paraît pas fondée; elle est en opposition avec les termes mêmes de la constitution, qui nous parle de choses a; portées en vertu de la volonté du propriétaire, et non pas des choses apportées à la connaissance de ce propriétaire. Les deux expressions sont loin d'être synonymes. Comme le fait remarquer Doneau, tel objet dont l'introduction sur le fonds loué déplairait fort au bailleur peut être amené sur le fonds au vu et au su de ce bailleur, sans que ce dernier puisse y faire obstacle; tel objet, au contraire, que le propriétaire voudrait voir introduire sur son fonds peut y être apporté à son insu. Comment s'expliquer dès lors qu'à deux ou trois lignes d'intervalle, on ait eu l'intention d'employer dans le même sens deux termes dont la portée est si complétement différente?

Quant à nous, nous croyons que, dans la première partie de la loi 5, l'empereur veut faire allusion à une convention expresse faite par le propriétaire, qui désire obtenir du fermier une hypothèque sur les *res invectæ et illatæ*. Il n'est pas rare, en effet, de voir les textes donner au mot *voluntas* le sens que nous lui attribuons ici. Ainsi, dans la loi 8 au Code, *de nov.*, Justinien, voulant décider que désormais on ne pourrait voir une novation que là où les parties auraient exprimé formellement leur intention de nover, traduit sa pensée en ces termes : « Generaliter, definimus » *voluntate* solum esse, non lege novandum. » Un autre exemple nous est encore fourni par la loi 5, § 1, D., *in quib. caus. pign.*, dans laquelle Marcien nous dit que le gage du locateur peut ne garantir qu'une partie de la dette, mais *voluntate domini*, c'est-à-dire à la condition qu'il y ait eu à cet égard une convention avec le propriétaire.

Ainsi entendue, la loi 5 est en parfaite harmonie avec les différents fragments du Digeste qui s'occupent de cette matière. S'il s'agit d'un *prædium urbanum*, le bailleur a une hypothèque sur les *res invectæ et illatæ*, en l'absence même de toute convention ; s'il s'agit au contraire d'un *prædium rusticum*, cette hypothèque ne peut porter que sur les fruits, et elle ne saurait être étendue aux choses introduites par le preneur dans la ferme que si une convention expresse est intervenue entre les parties.

CHAPITRE IV.

DES CRÉANCES GARANTIES PAR L'HYPOTHÈQUE TACITE. — DES DROITS QU'ELLE CONFÈRE AU BAILLEUR.

L'hypothèque tacite du locateur, soit d'un fonds urbain, soit d'un fonds rural, garantit le paiement non-seulement des loyers et fermages, mais encore des autres créances naissant du contrat de louage, et à l'occasion desquelles l'action *locati* pourrait être exercée. C'est ainsi que la loi 2, D., *in quib. caus. pign.*, l'accorde pour les indemnités qui peuvent être dues au propriétaire en raison des détériorations qui résultent de la faute du preneur : « Non solum pro pensionibus, sed et si deteriorem » habitationem fecerit culpa sua inquilinus, quo nomine ex » locato cum eo erit actio, invecta et illata pignori erunt obli- » gata. »

En règle générale, l'hypothèque subsiste sur les *res invectæ et illatæ* jusqu'à l'entier acquittement des obligations imposées par le contrat de louage ; il peut toutefois être convenu entre le propriétaire et le locataire qu'elle ne répondra que d'une partie seulement de la dette du preneur. C'est ce qui résulte de cette loi 5, § 1, D., *in quib. caus. pign.*, à laquelle nous avons fait allusion précédemment. Si, en effet, l'indivisibilité est de la nature;

elle n'est pas de l'essence de l'hypothèque, et on peut y déroger par des clauses particulières.

Lorsqu'à l'expiration du temps pour lequel le bail a été fait, le preneur reste en possession du fonds loué, sans opposition de la part du propriétaire, les parties peuvent être considérées comme ayant conclu un nouveau bail ; il s'opère alors ce que l'on appelle une tacite reconduction. Les biens engagés par un tiers pour assurer l'exécution du bail originaire ne répondraient point des obligations qui résultent de cette tacite reconduction. La convention tacite qui lui donne naissance ne saurait produire aucun effet à l'égard d'une personne qui n'y a pas pris part. Mais l'hypothèque tacite que le locateur avait sur les *res invectæ et illatæ* ou sur les fruits continuera à subsister, pour garantir le paiement des loyers du nouveau bail que les parties sont censées avoir fait. Cette solution nous est fournie par Ulpien dans la loi 13, § 11, D., *locat. cond.* : « Qui impleto tempore conductionis,
» remansit in conductione, non solum reconduxisse videbitur,
» sed etiam pignora videntur durare obligata. Sed hoc ita verum
» est si non alius pro eo in priore conductione res obligaverat :
» hujus enim novus consensus erit necessarius. » Le même principe se trouve encore confirmé par une constitution des empereurs Valérien et Gallien (l. 16, C., *locat. cond.*).

Quant aux droits conférés au locateur par son hypothèque tacite, ce sont ceux qui appartiennent à tout créancier hypothécaire ; c'est-à-dire qu'il aura : 1° le droit de faire vendre les objets apportés dans le fonds urbain, ou les fruits produits par le fonds rural ; 2° un droit de préférence sur les créanciers purement chirographaires, ou sur les créanciers hypothécaires dont l'hypothèque est postérieure à la sienne ; 3° un droit de suite contre les détenteurs des choses qui lui sont engagées.

Droit de vendre.— L'exercice de ce droit, de la part du bailleur, n'est soumis à aucune condition particulière. Il nous suffira donc de rappeler sommairement les règles de la législation romaine à cet égard.

Le droit de vendre, qui n'existait à l'origine qu'en vertu d'une convention expresse, avait fini par être considéré comme étant de l'essence même du gage. Mais, si le créancier peut user de cette faculté, jamais il ne saurait être contraint de vendre les objets sur lesquels porte son gage ou son hypothèque, alors même que la valeur de ces objets serait de beaucoup supérieure au montant de la dette, alors même qu'une occasion favorable viendrait à se présenter. Le jurisconsulte Atilicinus paraît cependant avoir été d'un avis contraire, mais sa doctrine n'avait point prévalu (1). Tout ce que le débiteur peut faire, c'est d'offrir au créancier une caution suffisante, pour qu'il lui permette de vendre la chose et de le payer sur le prix. Si le même bien a été hypothéqué à plusieurs personnes, le droit de vendre n'appartient pas indistinctement à tous les créanciers : il est réservé exclusivement au créancier hypothécaire premier en date. Si les autres ne veulent pas se trouver à sa merci, ils n'ont que la ressource d'user du *jus offerendæ pecuniæ*, qui leur permet de prendre sa place, en lui offrant le paiement de tout ce qui lui est dû.

Le créancier mis en possession procède lui-même à la vente, et, pourvu qu'il agisse de bonne foi, nul n'est admis à critiquer l'aliénation. Une dénonciation doit toutefois être faite, pour porter à la connaissance du débiteur l'intention du créancier. La nécessité de trois dénonciations préalables n'était, en effet, exigée que si la chose avait été engagée avec la clause *ne vendere liceat*. Pour la validité de la vente, aucune forme n'est requise à peine de nullité. « Dans l'usage, dit M. Tambour dans son *Traité des voies d'exécution*, on recourait probablement à la voie des enchères, et on annonçait par des affiches la vente qui devait se faire. C'était pour le créancier le meilleur moyen de mettre à couvert sa responsabilité. C'est en ce sens que j'entends l'obligation que lui impose la loi 9, C., *de dist. pign.*, de vendre *solemniter, observatis quæ in distrahendis pignoribus observari consueverunt*. Mais, à mon avis, rien n'aurait empêché le créancier de vendre à l'amiable l'objet qui lui était engagé, s'il en trouvait un prix suffisant. »

(1) L. 6, pr., D., *de pign. act.*

Pour éviter les fraudes qui pourraient être pratiquées au préjudice du débiteur, il est défendu au créancier de se rendre
acquéreur, ni par lui-même, ni par personne interposée.

Le créancier ne doit pas, en principe, la garantie de la propriété
de la chose vendue, mais seulement son rang de premier créancier hypothécaire (1). L'acheteur évincé ne pourrait agir contre
lui que s'il était de mauvaise foi, si, par exemple, au jour de la
vente, il savait parfaitement que le débiteur n'était pas propriétaire du bien sur lequel une hypothèque lui avait été consentie (2). Si aucun acquéreur ne se présente, le créancier peut
se faire attribuer la propriété des objets engagés, en s'adressant
à l'empereur (3). Le débiteur, toutefois, conserve encore pendant une année le droit de ressaisir la chose.

Ces formalités étaient complétement tombées en désuétude à
l'époque de Justinien. Aussi voyons-nous cette matière recevoir
une réglementation nouvelle dans une constitution de l'année
530. Aux termes de cette constitution (l. 3, C., *de jur. dom. imp.*),
on doit respecter toutes les conventions que les parties ont pu
faire, relativement à la vente de la chose hypothéquée. S'il n'a
rien été convenu à cet égard, le créancier doit adresser au
débiteur une dénonciation ou obtenir une sentence, puis attendre deux années. A l'expiration de ce délai, la chose engagée est
mise en vente; si elle ne peut être vendue, au bout de deux
nouvelles années l'empereur peut accorder au créancier la propriété. Cette concession n'est pas définitive : deux ans à partir
de la décision impériale sont encore donnés au débiteur pour
reprendre son bien en payant le montant de la dette ; ce n'est
seulement qu'à l'expiration de ce dernier délai que l'attribution
devient irrévocable, si le débiteur n'a pas usé de la faculté qui
était mise à sa disposition.

Le nouvel état de choses organisé par Justinien constituait,
ainsi qu'on l'a justement fait observer, le système de crédit le
plus singulier qui se puisse concevoir ; et il est douteux que,

(1) L. 1, C., *creditorem evictionem pignoris non debere.*
(2) L. 11, § 16, D., *de act. empt. et vend.*
(3) L. 63, § 4, *de adq. rer. dom.* — L. 24, *de pign. act.*

dans la pratique, toutes ces formalités aient été rigoureusement observées, surtout dans les rapports du locateur et du locataire. Le bailleur ayant le plus souvent un besoin urgent de recevoir exactement à l'époque de l'échéance le paiement des loyers ou fermages, il est très-probable que, lors du contrat, les parties devaient faire entre elles une convention ayant pour but de faciliter la vente des res *invectæ et illatæ* ou des fruits, et surtout d'abréger les délais.

Cette convention ne pourrait aller cependant jusqu'à permettre au bailleur d'acquérir de plein droit la propriété des choses soumises à son hypothèque, faute de paiement des loyers à l'échéance. Cette clause, connue sous le nom de pacte commissoire, fut valable pendant quelque temps dans la législation romaine ; mais comme elle pouvait être fort dangereuse pour le débiteur, qui, trompé par sa confiance dans l'avenir, peut se voir dépouiller d'un objet dont la valeur dépasse de beaucoup le montant de la dette, elle fut prohibée à l'époque de Constantin (l. 3, C., *de pact. pign.*).

Droit de préférence. — Après la vente, le bailleur a le droit de se faire payer sur le prix. S'il n'y a que des créanciers chirographaires, aucune difficulté ne peut se présenter ; il leur sera préféré ; mais s'il se trouve en présence de créanciers hypothécaires, il ne passera avant eux que si son hypothèque est antérieure en date. Or, nous le savons, celle-ci ne prend naissance que du jour où les meubles du locataire ont été introduits dans le fonds loué, s'il s'agit d'un *prædium urbanum*, du jour de la perception des fruits s'il s'agit d'un *prædium rusticum*. Le bailleur n'a en effet qu'une hypothèque ordinaire, soumise à la règle de droit commun *potior tempore, potior jure*. Son hypothèque sera également primée par ces hypothèques auxquelles, par exception et indépendamment de leur date, un droit spécial de préférence a été accordé, et qui prennent rang, non pas d'après la date de leur établissement, mais d'après le degré de faveur dont elles jouissent. Telles seraient l'hypothèque du fisc pour les créances contre les *primipili*, celle de la femme mariée, et quelques autres qu'il est inutile d'indiquer ici. Observons enfin que si le locataire vient à mourir sans laisser une somme suffisante pour payer les frais funéraires, ceux-ci doivent être prélevés sur le prix des *res invectæ et illatæ* ou des fruits, avant les loyers ou fermages dus au bailleur. Tel était l'avis de Pomponius rapporté par Ulpien dans la loi 14, § 1, D., *de relig. et sumpt. fun.*

Droit de suite. — Pour la garantie et la mise en œuvre des deux droits précédents, le bailleur a, comme tout créancier hypothécaire, le droit de suite, lequel consiste dans la faculté d'agir contre tout tiers détenteur des objets sur lesquels porte l'hypothèque, afin de s'en faire remettre la possession. Certains auteurs, cependant, ont prétendu que le droit de suite ne devait pas exister, si les objets avaient été vendus par le locataire avant que la *perclusio* n'eût été faite par le bailleur. A l'appui de leur opinion, ils invoquent la loi 9, D., *in quib. caus. pign.*, dans laquelle Paul, signalant une différence entre le gage exprès et le gage tacite, nous dit : « Est differentia obliga-
» torum propter pensionem et eorum quæ ex conventione
» manifestarii pignoris nomine tenentur, quod manumittere
» mancipia obligata pignori non possumus : inhabitantes autem
» manumittimus, scilicet antequam pensionis nomine perclu-
» damur : tunc enim pignoris nomine retenta mancipia non
» liberabimus. »

Cette doctrine nous semble inadmissible. Ce n'est pas au moment de la *perclusio*, mais bien au moment de l'apport des meubles du locataire, que l'hypothèque tacite du locateur prend naissance. La solution de la loi 9 est une décision exceptionnelle, fondée sur la faveur à laquelle la liberté a droit, et qui ne doit pas être étendue au-delà de l'hypothèse prévue par Paul. Les *res invectæ et illatæ* ayant été frappées par l'hypothèque tacite à l'instant de leur introduction dans le fonds loué, nous devons appliquer ici les principes généraux et accorder au bailleur un droit de suite, quoique l'aliénation ait eu lieu avant la *perclusio.*

Pour faire valoir ce droit, le bailleur d'un fonds urbain a l'action quasi-Servienne, qui est donnée par la législation romaine

à tous les créanciers gagistes et hypothécaires. Quant au locateur d'un fonds rural, il a l'action Servienne et l'interdit Salvien
pour obtenir la possession des objets que le fermier aura, par
une convention expresse, affectés à la garantie du paiement des
fermages.

DEUXIÈME PARTIE.

ACTION SERVIENNE.

Le régime hypothécaire de la législation romaine offre ce
caractère particulier, qui peut du reste être l'objet de justes
critiques, c'est que le droit du créancier hypothécaire se manifeste toujours, soit à l'égard des tiers détenteurs du bien hypothéqué, soit à l'égard des cocréanciers, sous une forme
unique, c'est-à-dire comme droit d'obtenir ou de retenir la
possession du gage et de le vendre pour se payer sur le prix.
« Le droit de préférence, dit avec raison M. Bonjean, se pré-
» sente, en droit romain, sous la forme de duels en nombre
» illimité, dans chacun desquels deux créanciers se disputent
» la possession, sauf au vainqueur à recommencer le lendemain
» contre un nouveau créancier une lutte semblable, et ainsi de
» suite indéfiniment, jusqu'à ce qu'après tant de tiraillements
» la possession demeure enfin adjugée à celui qui prime tous
» les autres. »
Obtenir la possession des choses que le fermier a, par une
convention expresse, affectées au paiement des fermages, voilà
donc le but auquel doivent tendre les efforts du locateur d'un
fonds rural, qui veut faire valoir son droit d'hypothèque. L'action qui lui permettra d'arriver à ce résultat est l'action Ser-

vienne, « Serviana autem experitur quis de rebus coloni, quæ » pignoris jure pro mercedibus fundi ei tenentur » (Inst., *de act.*, § 7). Quoiqu'il soit fait mention de cette action dans de nombreux textes, il y a cependant certains points qui présentent encore une assez grande obscurité. Ainsi, comme nous l'avons déjà dit, nous ignorons l'époque précise de sa création ; sa formule n'est pas parvenue jusqu'à nous, et les auteurs ne sont pas d'accord sur sa teneur exacte (1). Tout ce que nous savons, c'est qu'elle était une action *in rem* prétorienne, qu'elle était *in factum* et arbitraire (l. 23, D., *de prob.* ; Inst., § 3, 1, *de act.*). Elle nous apparaît comme une espèce de revendication des choses engagées ; aussi est-elle appelée quelquefois *vindicatio pignoris, pignoris persecutio.* Elle emporte décision sur la validité même du droit de gage, et, par suite, pour triompher, le demandeur est obligé de prouver l'existence du *pignus.* Cette preuve comprend les éléments suivants : 1° l'existence de la dette pour sûreté de laquelle le *pignus* a été constitué ; 2° une convention expresse de laquelle est résultée l'affectation ; 3° le droit de propriété de celui qui a constitué le *pignus*, ou tout au moins cette circonstance que le débiteur avait la chose *in bonis* au moment où le gage a été établi (l. 3, D., *de pign.*).

L'action Servienne peut être intentée contre tout tiers détenteur, même contre celui qui, par dol, a cessé de posséder (l. 16, § 3, D., *de pign.*). Nous devons donc examiner quels sont les adversaires avec lesquels peut se trouver en lutte le bailleur d'un fonds rural qui use de l'action Servienne, et nous demander quelle sera l'issue du procès qu'il va soutenir contre ces différentes personnes.

1° *Colonus ou héritiers du colonus.* — Cette première hypothèse ne peut offrir aucune difficulté. Si les conditions ordinaires exigées pour l'exercice de l'action se trouvent réunies, le fermier ne peut s'opposer à l'appréhension, de la part du bailleur, de la

---

(1) Suivant Vinnius, la partie de l'édit dans laquelle le préteur s'occupait de cette action était ainsi conçue : « Quod a colonis oppigneratum » mercedis causa ad alterum pervenerit, ejus rei creditoribus actionem » dabo. »

possession des choses engagées, à moins qu'il ne justifie que les causes de l'affectation ont cessé. L'action Servienne resta imprescriptible contre le fermier ou ses héritiers jusqu'à Justin, qui la soumit, pour ce cas, à la prescription de quarante ans. Il en résultait cette singularité, que cette action subsistait encore dix ans après l'extinction, par la prescription de trente ans, de l'action personnelle qui appartenait au bailleur contre le *colonus* ou ses héritiers.

2° *Dominus rei pignori datœ.* — Il peut arriver que le fermier ait engagé une chose dont il n'était pas propriétaire. Dans ce cas, le bailleur ne pourra triompher en intentant l'action Servienne contre le véritable propriétaire. Celui-ci, en effet, est autorisé à critiquer la validité du droit réel prétendu par le locateur, et peut échapper à une condamnation en démontrant que la faculté de constituer un pareil droit n'appartenait pas au fermier.

3° *Créancier hypothécaire.* — Les mêmes objets ont pu être hypothéqués par le *colonus* au bailleur et à un autre de ses créanciers. Si nous supposons que ce dernier est en possession, le locateur ne pourra triompher contre lui par l'action Servienne qu'en démontrant l'antériorité de son droit. A l'exception *si non convenit ut mihi res sit obligata*, que peut invoquer ce créancier, le bailleur pourra opposer la réplique *si non mihi ante pignori hypothecœve nomine sit res obligata*.

4° *Copropriétaire du fonds loué.* — Le conflit peut s'élever entre deux bailleurs propriétaires communs du fonds loué. Cette situation est prévue par Ulpien, dans la loi 10, D., *de pign. et hyp.*

Deux cas peuvent se présenter : 1° les meubles du fermier ont été engagés *in solidum* au profit de chacun des bailleurs. Chacun d'eux peut exercer l'action Servienne pour le tout contre les tiers détenteurs; si, au contraire, le procès a lieu entre eux, l'avantage doit rester à celui qui est actuellement en possession ; ce dernier peut, en effet, opposer à son adversaire l'exception *si non convenit ut eadem res mihi quoque pignori esset.* 2° L'engagement n'a-t-il été fait au profit de chacun d'eux que pour partie seulement, que le demandeur ait pour adversaire un tiers ou son copropriétaire, peu importe : il ne pourra jamais obtenir que la possession d'une moitié. Telle est la solution donnée à cette hypothèse par la loi 10. Mais la conciliation de ce texte avec les lois 1 et 2, D., *de Salv. interd.*, soulève des difficultés assez nombreuses que nous n'essaierons pas de résoudre pour le moment, sauf à y revenir ultérieurement en parlant de l'interdit Salvien.

Tiers détenteur. — Les objets engagés peuvent enfin se trouver entre les mains d'une personne qui les a acquis postérieurement à l'affectation. Une distinction doit être faite ; ce tiers détenteur peut tenir son droit d'un autre créancier qui, ayant reçu une hypothèque avant le bailleur sur les mêmes objets, les a fait vendre pour se payer sur le prix. Dans cette hypothèse, l'acheteur, en se faisant céder les actions du créancier vendeur, sera protégé contre le bailleur (l. 12, § 7, D., *qui pot.*). Si, au contraire, le possesseur actuel a acquis du fermier les objets obligés au bailleur, il devra en principe succomber lorsque celui-ci exercera contre lui l'action Servienne. Le tiers détenteur pourrait, toutefois, repousser la demande du bailleur si la prescription de trente ans s'était accomplie à son profit. Il pourrait, en outre, invoquer les différents bénéfices qui avaient été introduits dans la législation romaine, en faveur du possesseur d'un bien hypothéqué, actionné par le créancier. C'est ainsi qu'il pourra se prévaloir des deux bénéfices de discussion que l'on désigne sous les noms de *beneficium excussionis personale* et de *beneficium excussionis reale*.

A l'époque du droit classique, le bailleur pouvait agir à son choix contre le fermier par une action personnelle ou contre le tiers détenteur des objets engagés par l'action Servienne (1). Mais, d'après une novelle de Justinien (2), le possesseur poursuivi par l'action Servienne peut forcer le créancier à discuter préalablement le fermier et ses cautions, avant de recourir à la revendication du gage. C'est le *beneficium excussionis personale*.

(1) LL. 11, 21, C., *de pign. et hyp.* — L. 11, C., *de oblig. et act.*
(2) Nov. IV, ch. 11.

Si le bailleur a obtenu du *colonus*, pour sûreté de ses fermages, une hypothèque générale et une hypothèque spéciale, le tiers détenteur des choses soumises à l'hypothèque générale peut valablement exiger que le bailleur s'en prenne d'abord aux choses grevées de l'hypothèque spéciale (1). C'est le *beneficium excussionis reale*.

Observons enfin que le défendeur de bonne foi peut demander au bailleur la cession de ses droits et actions contre le fermier (2).

Quant à l'effet de l'action Servienne, c'est de permettre au bailleur d'acquérir la possession des objets engagés par le fermier. Le défendeur ne peut éviter la condamnation qu'en donnant satisfaction complète aux intérêts du locateur. Il a pour cela le choix entre deux moyens : 1° restituer le gage et ses accessoires ; si cependant, sans la faute du défendeur, la restitution ne peut avoir lieu immédiatement, parce que, par exemple, la chose est déposée dans un lieu très-éloigné de son domicile, il devrait être absous en fournissant caution, *se restiturum* (3) ; 2° acquitter la dette. S'il ne prend pas l'un de ces deux partis, il devra être condamné à une somme déterminée d'après l'intérêt du demandeur. Cette condamnation peut varier suivant les hypothèses. Si elle est prononcée contre le débiteur, elle ne peut dépasser le montant de la dette ; contre un tiers détenteur, elle peut s'élever à un chiffre supérieur à cette somme ; mais alors le bailleur est tenu de restituer au fermier ce qu'il a reçu en plus du montant de sa créance (l. 21, D., *de pign. et hyp.*).

(1) L. 5, C., *de pign. et hyp.* — L. 5, C., *de distract. pign.*
(2) L. 19, D., *qui pot.* — L. 32, § 5, *de donat. inter vir. et ux.*
(3) L. 16, § 3, D., *de pign.*

TROISIÈME PARTIE.

INTERDIT SALVIEN.

—

CHAPITRE I.

CARACTÈRE DE L'INTERDIT SALVIEN. — SON BUT. — SES RAPPORTS AVEC L'ACTION SERVIENNE.

Nous avons déjà dit dans quelles circonstances l'interdit Salvien prit naissance ; il nous reste maintenant à exposer ses caractères et à indiquer son rôle dans la législation romaine.

Les rédacteurs des Institutes nous le présentent comme étant un interdit *adipiscendæ possessionis* (§ 3 *in fine, de interd.*). Le même caractère lui est assigné par Paul (l. 2, § 3, D., *de interd.*) et par Gaïus (*Comment.*, IV, § 147). La teneur de sa formule ne nous est pas parvenue. Les essais n'ont pas fait défaut pour la reconstruire ; mais les commentateurs du droit romain, étant en désaccord complet sur la portée de notre interdit, et chacun d'eux ayant accommodé la rédaction de cette formule à la doctrine qu'il adoptait, on ne doit pas s'étonner des divergences qui existent entre eux à cet égard. Suivant les uns, l'interdit Salvien devait être conçu dans la forme restitutoire ; suivant les autres, dans la forme prohibitoire (1). Cette question présente une cer-

(1) D'après Hotomann, l'interdit Salvien serait un interdit restitutoire, et sa formule serait ainsi conçue : *Quod tu illi, mercedis causa, oppignorasti, qua de re agitur, id illi restituas.*

Baron, Favre et, de nos jours, Rudorff, pensent au contraire que l'interdit Salvien est un interdit prohibitoire. Sa formule, suivant Rudorff, serait la suivante : « Si is homo Q. D. A. est ex his rebus de quibus inter
» te conductorem convenit, ut quæ in eum fundum Q. D. A. inducta,
» illata, ibique nata, factave essent, ea pignori tibi pro mercede ejus
» fundi essent, neque ea merces tibi soluta, eove nomine satisfactum
» est, aut per te non stat quominus solvatur, ita quominus eum (homi-
» nem) ducas, vim fieri veto. »

taine importance au point de vue de la procédure. Si l'interdit
est prohibitoire, les *sponsiones pœnales* sont inévitables, tandis
qu'elles sont facultatives lorsqu'il s'agit d'un interdit restitutoire
(Gaïus, *Comment.*, IV, §§ 141, 102 et suivants). L'insuffisance des
textes que nous possédons sur la matière ne nous permet pas
d'avoir une opinion bien arrêtée sur cette question. Le but de
l'interdit pouvait, du reste, être atteint, qu'il y eût ordre de restituer ou ordre de ne pas faire obstacle à la préhension des
choses, dont le bailleur veut acquérir la possession. S'il nous
faut cependant choisir entre les deux opinions qui se trouvent
en présence, nous préférons adopter celle qui admet que l'interdit Salvien devait être rangé au nombre des interdits prohibitoires. Ce qui nous le fait supposer, c'est que, dans l'énumération des interdits que nous donne le Digeste, ceux qui précèdent
l'interdit Salvien sont des interdits prohibitoires. Il est donc probable que ce dernier devait être également conçu dans cette
forme, qui, d'après la remarque de Vénuléius (1), assurait au
demandeur une garantie plus efficace, puisque la procédure
avait toujours lieu ici *cum pœna*.

Le but de l'interdit Salvien est de faire acquérir au bailleur
d'un fonds rural la possession des objets qui ont été affectés par
le preneur au paiement des fermages. Mais alors se pose la question de savoir quelle peut être l'utilité de cet interdit, puisque
le locateur a déjà l'action Servienne, qui lui permet d'arriver au
même résultat. Ces deux voies, cumulées dans les mêmes mains,
ne sont-elles pas identiques dans leurs effets? Si l'on rapproche
le § 3, *de interdictis*, du § 7, *de actionibus*, des Institutes, on est
tenté de répondre affirmativement, Justinien se servant presque
des mêmes expressions dans les deux hypothèses. L'interdit
n'aurait été alors, comme le prétend M. de Savigny, que l'origine
de l'action, le préteur n'ayant pas osé tout d'abord établir une
action au profit du bailleur; puis, plus tard, lorsque cette action
fut créée, l'interdit n'aurait plus eu sa raison d'être, et serait
devenu complétement inutile. Cette théorie nous paraît inad-

---

(1) L. 52, § 2, D., *de adq. vel amitt. poss.*

missible ; elle est en contradiction avec les textes, qui nous présentent ces deux voies comme existant simultanément.

Quant à nous, tout en reconnaissant que l'action Servienne a fait perdre à l'interdit Salvien une partie de son utilité, nous pensons néanmoins qu'elle l'a laissé subsister avec sa fonction propre, qui est uniquement de faire acquérir au locateur la possession des objets engagés par le fermier pour garantir l'exécution de ses obligations, sans toutefois emporter décision sur la validité du droit de gage. Sans doute, l'interdit Salvien et l'action Servienne tendent tous les deux à faire obtenir la possession ; mais ils diffèrent l'un de l'autre en ce que l'action Servienne a aussi pour objet de faire statuer sur le point de savoir si le droit de gage a été valablement conféré. Elle produit, par suite, un résultat définitif entre les parties, tandis que l'interdit Salvien n'a d'autre effet que d'assurer la possession à la partie victorieuse, et constitue plutôt une mesure provisoire.

A l'appui de ce système, nous pouvons invoquer les arguments suivants :

1° L'interdit Salvien est classé formellement, par tous les jurisconsultes romains, parmi les interdits *adipiscendæ possessionis*. Or, si nous examinons la portée des autres interdits qui ont également ce caractère, nous voyons qu'ils tendent seulement à faire acquérir la possession, sauf débat ultérieur, quant au fond même du droit. Sans parler de l'interdit *quorum bonorum*, à l'occasion duquel des controverses se sont élevées, nous pouvons citer un interdit *adipiscendæ possessionis* que Paul place à côté de l'interdit Salvien et qu'il décrit de la sorte dans la loi 2, § 3, D., *de interd.: Quo itinere venditor usus est, quominus emptor utatur, vim fieri veto.* Il s'agit ici d'un interdit accordé à l'acheteur d'un fonds auquel on refuse l'exercice d'une servitude de passage dont le vendeur avait usé. Par cet interdit, où le débat ne roulait certainement que sur la possession (l. 1, § 2, D., *de itin. act.*), l'acquéreur pourra obtenir le bénéfice de la possession de la servitude ; mais son triomphe ne sera pas définitif, et plus tard il pourra succomber lorsqu'on exercera contre lui l'action négatoire.

De même, au nombre des interdits *adipiscendæ possessionis*, nous trouvons aussi l'interdit *quod legatorum* (1), par lequel l'héritier se fait mettre en possession des choses héréditaires dont les légataires se sont emparés sans son consentement. Mais les légataires ne sont ainsi dépouillés que de la possession ; ils peuvent aussitôt agir au pétitoire, et, en établissant qu'ils ont droit aux legs, ils vont obliger l'héritier à leur livrer les objets qu'il avait obtenus en exerçant l'interdit.

Si tel est le caractère des interdits *adipiscendæ possessionis*, que nous venons de mentionner, s'il est certain que, dans ces derniers, le débat ne concernait que la possession, pourquoi en serait-il autrement dans l'interdit Salvien ? pour quelle raison faudrait-il lui assigner une portée différente ?

2° La restriction, que nous assignons aux effets de l'interdit Salvien, explique pourquoi il n'était pas applicable aux objets dont le locateur avait acquis, puis perdu la possession. Si l'interdit eût mis en question d'une manière définitive le droit même de gage, on ne saurait comprendre que le bailleur, parce qu'il a possédé, fût privé d'un moyen relatif au fond du droit, alors que ce droit est indépendant de la possession. S'il ne s'agit, au contraire, que de la possession, un interdit *adipiscendæ possessionis* peut être écarté sans inconvénient ; car, pourvu qu'il se trouve encore en temps utile pour l'exercer, le bailleur aura à sa disposition l'interdit *utrubi*. Il n'y aura que substitution d'un moyen possessoire à un autre. Est-il trop tard pour user de cette ressource, le locateur devra agir au pétitoire, et par l'action Servienne il pourra ressaisir les objets engagés, en prouvant que son droit existe réellement et qu'il est opposable au tiers détenteur.

3° Notre système donne une explication satisfaisante de la loi 21, pr., D., *de pign. et hyp.* Cette loi est ainsi conçue : « Si inter » colonum et procuratorem meum convenerit de pignore, vel » ratam habente me conventionem, vel mandante ; quasi inter » me et colonum meum convenisse videtur. » Le jurisconsulte

<hr />

(1) L. 1, § 1, *quod legatorum*.

Ulpien suppose donc qu'une convention relative aux garanties qui doivent être fournies par le fermier est intervenue entre celui-ci et le mandataire du propriétaire du fonds loué, et il décide que cette convention est aussi efficace que si le bailleur y avait figuré personnellement. Si l'on veut faire sortir de là un droit de gage proprement dit, il est difficile de comprendre cette décision de la loi 21 en présence de la théorie du droit romain sur l'acquisition des droits réels par l'intermédiaire d'une personne étrangère, théorie, du reste, dont Ulpien fait lui-même l'application au *pignus*, dans la loi 11, § 6, D., *de pign. act.* Si, au contraire, nous admettons que l'interdit Salvien n'a pour objet que la possession, si nous restreignons la convention aux effets de cet interdit, ce qui est très-vraisemblable, car le fragment d'Ulpien est tiré du livre 73 de son commentaire sur l'édit, celui précisément où le jurisconsulte traitait de l'interdit Salvien, tout s'explique, puisque le droit romain permettait d'acquérir la possession *per extraneam personam.* Dès lors, tout ce que veut dire la loi 21, c'est que le droit à l'interdit Salvien découlera, pour le mandant, de cet acte intervenu entre le mandataire et le *colonus.*

4° Si la doctrine contraire était exacte, s'il était vrai de dire que l'interdit Salvien produisait un résultat définitif, il serait assez difficile de s'expliquer pour quel motif, dans la loi 2, D., *de Salv. interd.*, Ulpien permet à la partie qui a succombé sur l'interdit, d'exercer l'action Servienne. Le jurisconsulte semble donc supposer que les deux voies ne sont pas identiques, et que par la dernière on peut obtenir quelque chose de plus que par la première. Or, nous le savons, l'action Servienne a pour but de faire juger la question de validité du gage. On ne peut donc guère assigner à l'interdit d'autre objet que celui de faire statuer sur la possession. Nous devons faire observer, toutefois, que l'explication de ce texte, dont nous nous occuperons plus loin, soulève de nombreuses difficultés.

CHAPITRE II.

A QUI APPARTIENT L'INTERDIT SALVIEN. —DES OBJETS A L'OCCASION DESQUELS IL S'EXERCE. — PREUVES EXIGÉES DU DEMANDEUR. — DURÉE DE L'INTERDIT.

Les différents textes que nous possédons n'accordent expressément l'exercice de l'interdit Salvien qu'au propriétaire du fonds rural donné à bail. Cependant, malgré le témoignage bien formel de Gaïus (1), de Justinien (2) et de Théophile, nous pensons, avec la majorité des auteurs, qu'il n'y aurait aucune bonne raison à alléguer pour limiter ainsi le bénéfice de l'interdit. Aussi n'hésitons-nous pas à décider, par analogie de motifs, qu'il peut être intenté par toute personne qui joue le rôle de bailleur, qu'elle ait ou non la qualité de propriétaire. Gaïus et Justinien, en ne mentionnant que le *dominus fundi*, n'ont pas eu la pensée d'exclure les autres personnes qui ont le titre de locateur ; ils n'ont fait que statuer *de eo quod plerumque fit*. Mais ne faut-il pas aller plus loin et admettre qu'il a reçu une extension analogue à celle qui fut donnée à l'action Servienne, de telle sorte que, plus tard, il pût être exercé non-seulement par le bailleur d'un fonds urbain, mais encore par tout créancier gagiste ? Certains commentateurs l'ont pensé ; et, d'après eux, à côté de l'interdit Salvien, le droit romain aurait reconnu l'existence d'un interdit quasi-Salvien.

Les textes principaux sur lesquels s'appuie cette doctrine sont les suivants. 1° La loi 1, Cod., *de prec. et Salv. int.*, semble accorder l'interdit Salvien non-seulement au locateur, mais encore à tout créancier gagiste. Cette constitution de l'empereur Gordien, en parlant de cet interdit, s'exprime ainsi : *Id enim tantummodo adversus conductorem debitoremve competit.*

(1) Gaïus, *Comment.*, IV, § 147.
(2) Institutes, § 3 *in fine*, *de interdictis.*

2° La loi 3, Cod., *de pign.* Après avoir établi qu'il n'y a pas acte de violence commis par les créanciers qui, non payés à l'époque de l'échéance, se. mettent en possession, suivant la convention, des biens hypothéqués, cette loi ajoute : *attamen auctoritate præsidis possessionem adipisci debent.* L'intervention du magistrat ayant pour but de faire acquérir aux créanciers la possession, on en a conclu que le moyen d'atteindre ce résultat consisterait en un interdit qui ne serait autre que l'interdit quasi-Salvien.

3° La loi 2, § 3, D., *de interd*, où le jurisconsulte Paul, parlant des interdits qui sont *adipiscendæ possessionis*, nous dit : *Salvianum quoque interdictum, quod est de pignoribus, ex hoc genere est.*

Ce système ne nous paraît pas exact. Si ce prétendu interdit quasi-Salvien avait réellement existé en droit romain, il aurait, par la multiplicité de ses applications, relégué au second plan l'interdit Salvien, dont l'utilité pratique était si restreinte; il aurait, en un mot, joué, vis-à-vis de celui-ci, le rôle de l'action quasi-Servienne à l'égard de l'action Servienne son aînée. Il eût attiré l'attention des jurisconsultes, et nous devrions le voir apparaître dans les écrits qu'ils nous ont laissés. Or nous ne trouvons aucun fragment du Digeste qui en fasse mention. Que conclure de ce silence absolu des sources, sinon que l'interdit Salvien n'a jamais reçu l'extension que lui attribuent les auteurs dont nous repoussons l'opinion.

La ressource d'un interdit de cette nature semble, du reste, inutile au locateur d'un fonds urbain. Celui-ci a en effet un moyen facile de s'assurer la possession des objets engagés par le locataire. L'*inquilinus* voulait-il enlever des meubles sans avoir satisfait à toutes ses obligations, le bailleur avait la faculté d'exercer un droit de rétention, et de s'opposer, par voie de *perclusio*, à la sortie des objets apportés dans sa maison (1).

Quant au créancier gagiste, il possède les choses qui lui ont été données en gage; et s'il vient à perdre sa possession, ce n'est

(1) L. 9, D., *in quib. caus. pign.*

pas par l'interdit Salvien qu'il pourrait la recouvrer, puisque celui-ci, en sa qualité d'interdit *adipiscendæ possessionis*, ne peut être d'aucune utilité à celui qui a déjà possédé.

Ce qui prouve bien, du reste, que l'interdit Salvien a toujours été regardé comme exclusivement propre au bailleur d'un fonds rural, c'est que nous voyons les rédacteurs des Basiliques mettre en opposition le locateur et le créancier hypothécaire ; et, voulant faire ressortir la différence qui existe entre eux, ils s'expriment ainsi, suivant la traduction d'Heimbach : « Locator » quidem actionem interdicti Salviani habet adversus res con- » ductoris sibi obligatas ; creditor autem actionem hypothe- » cariam adversus res debitoris sui sibi obligatas. »

Quant aux arguments invoqués par les adversaires de notre doctrine, ils ne sont nullement décisifs. L'interprétation donnée à la loi 1, C., *de prec.*, nous paraît inexacte ; mais comme nous devrons revenir sur cette constitution de l'empereur Gordien, en examinant contre qui compétait l'interdit Salvien, nous nous bornerons à dire, pour le moment, que, dans ce texte, les expres- sions *conductorem debitoremve* ne désignent qu'une seule et même personne, le preneur débiteur de ses fermages.

Si, aux termes de la loi 3, C., *de pignoribus*, le créancier doit s'adresser au président de la province pour se faire mettre en possession des biens qui lui ont été hypothéqués, rien ne prouve que le moyen d'arriver à ce résultat soit l'interdit Salvien. La constitution des empereurs Sévère et Antonin garde le silence à cet égard ; il est plus probable qu'il s'agit ici de l'action hypo- thécaire, dont le but est également de faire acquérir la posses- sion, ainsi que le dit formellement Papinien dans la loi 66, pr., D., *de evict.* (1), et pour l'exercice de laquelle il fallait recourir au magistrat, tout aussi bien que pour obtenir un interdit.

Enfin, les expressions dont Paul se sert dans la loi 2, § 3, *de interd.*, ne sont pas assez précises pour que l'on puisse en conclure que la pensée du jurisconsulte allait jusqu'à accorder

(1) « Hæc enim, et si in rem actio est, nudam tamen possessionem avocat. »

l'interdit Salvien à tout créancier gagiste. Paul ne s'explique pas d'une façon bien nette au sujet de ces *pignora* auxquels il fait allusion, et nous pouvons supposer qu'il ne songeait uniquement qu'aux objets engagés par le fermier au propriétaire du fonds rural.

L'interdit Salvien ne peut s'appliquer qu'aux choses qui, par une convention expresse, ont été spécialement affectées au paiement des fermages. C'est ce qui résulte du § 3, Inst., *de interd.*, qui reproduit du reste textuellement le § 147 du Commentaire IV de Gaïus : « Salviano interdicto utitur dominus fundi de rebus » coloni quas is pro mercedibus fundi pignori futuras pepi- » gisset. » En ne parlant que des biens du fermier, Gaïus et Justinien ne prévoient que l'hypothèse la plus fréquente ; mais il nous paraît certain que le bailleur d'un fonds rural pouvait aussi se servir de cet interdit à l'égard des objets engagés par un tiers pour garantir la dette du colon.

On peut se demander si l'interdit Salvien devait s'étendre aux fruits produits par le fonds. La raison de douter, c'est qu'habituellement, à l'occasion de ces fruits, il n'y avait pas de convention expresse, le locateur, comme nous l'avons dit précédemment, ayant sur eux une hypothèque tacite. Aucun texte positif ne tranche la question. Nous admettons cependant, avec M. Machelard, qu'ils pouvaient faire l'objet de notre interdit. Si les fruits sont grevés de l'hypothèque, c'est en raison d'une convention tacite présumée entre les parties, et il n'y a rien d'illogique à attacher à une convention de cette espèce les effets qui découlent d'une convention expresse.

Cette affectation n'est pas suffisante pour que l'exercice de l'interdit Salvien soit possible. Il faut, en outre, que les objets engagés aient été apportés sur le fonds loué. Cette condition, à la vérité, n'est mentionnée ni par Gaïus ni par Justinien ; mais elle est formellement exigée par Théophile dans sa paraphrase des Institutes (1). Elle ressort également de deux fragments de Julien

(1) « Domino fundi datur adversus colonum qui pactus fuit ut bona omnia *ab ipso in fundum invecta*, pro mercede sint oppignerata. » (Traduction de Reitz.)

et d'Ulpien (lois 1 et 2, D., *de Salv. interd.*), dans lesquels la circonstance d'une *inductio* ou *illatio* est constamment supposée par les jurisconsultes. Cet apport même doit être permanent ; les meubles affectés à la garantie du bailleur doivent être introduits par le preneur dans la ferme pour y rester à demeure, pour y avoir leur siége habituel. Le fait d'une présence sur le fonds qui ne serait que transitoire et temporaire serait insuffisant.

Nous devons faire observer cependant que, pour certains objets, pour les produits, par exemple, nés sur le fonds, pour le part des esclaves amenés sur la ferme, pour les choses qui y auraient été confectionnées, leur naissance ou leur création sur les lieux loués équivalait à un apport effectif. Nous voyons même Julien décider que le locateur pouvait, par l'interdit Salvien, réclamer la possession de l'enfant de l'*ancilla in fundo deducta*, quoique la naissance ait eu lieu chez l'acheteur de la mère. Nous croyons cependant que ce droit ne devait lui appartenir que si la conception avait été antérieure à l'aliénation. C'est ainsi, du moins, que l'on peut concilier la loi 1, pr., D., *de Salv. interd.*, et la loi 29, § 1, *de pign. et hyp.* En raison de la faveur spéciale accordée au bailleur, on aurait étendu à son profit la solution que Vénuléius donnait dans la loi 25, § 5, *quæ in fraudem*, à l'occasion de l'esclave aliénée en fraude des droits des créanciers. Si la loi 1, *de Salv. interd.*, ne parle pas de cette circonstance que l'*ancilla* était déjà *prægnans* au moment de la vente, cela tient aux principes qui régissent l'interdit Salvien, quant au temps pendant lequel il pouvait être intenté contre les tiers. Dans cette loi, le jurisconsulte Julien voulait sans doute exprimer cette idée que, l'interdit étant exercé relativement à la mère, il serait efficace même pour le part né chez l'acheteur (1). Il lui était dès lors inutile d'indiquer que la conception avait eu lieu chez le *colonus*; car si l'esclave avait à la fois conçu et mis au monde après l'aliénation, le laps de temps écoulé depuis cette époque eût été trop considérable pour permettre l'exercice de l'interdit relativement à la

_____

(1) C'est ainsi que les Basiliques interprètent la décision de Julien.

mère, et dès lors le part échappait au droit de gage du locateur.

De tout ce qui précède, il résulte que, pour triompher dans l'interdit Salvien, le bailleur d'un fonds rural n'a que deux faits à établir : 1° l'existence d'une convention en vertu de laquelle les choses apportées sur le fonds doivent être affectées au paiement des fermages; 2° la réalisation de l'apport. Aucune autre preuve n'est exigée de lui; il n'a pas besoin de démontrer que le gage a été valablement constitué, et, par suite, il n'a pas à prouver que les objets dont il réclame la possession appartenaient au fermier au moment où la convention a été conclue. L'interdit Salvien n'est, en effet, suivant nous, qu'une voie possessoire, et, en conséquence, comme nous l'avons déjà dit, il est inutile d'examiner, à ce propos, la validité du *pignus*.

Tant que les objets engagés par le fermier sont entre les mains de celui-ci, le bailleur peut, à quelque époque que ce soit, intenter l'interdit Salvien. Mais il n'en est plus de même lorsque ces choses ont été acquises par un tiers; le locateur ne pourra plus agir que pendant un certain temps. Quelle sera alors la durée de l'interdit? Si le système que nous avons adopté sur la portée de l'interdit Salvien est exact, s'il est vrai que le débat ne soulève qu'une question de possession, il nous faut appliquer ici les principes du droit romain sur le caractère de durée que devait avoir la possession, en matière de meubles, pour assurer le triomphe de celui qui exerce l'interdit. Or, à l'époque classique, lorsqu'il s'agit de se faire maintenir en possession par l'interdit *utrubi*, le succès est subordonné à la condition de ne pas laisser l'adversaire posséder pendant la plus grande partie de l'année. La même condition doit être exigée lorsque le bailleur se trouve en présence d'un tiers détenteur, sans qu'il y ait à distinguer, comme l'ont prétendu certains auteurs, si ce tiers détenteur est ou n'est pas un ayant cause du fermier. Le locateur ne peut que se prévaloir de la possession du *colonus*, par l'intermédiaire duquel il est en quelque sorte censé posséder; aussi doit-il triompher là où le fermier triompherait, et succomber là où celui-ci succomberait. L'interdit Salvien est donné au locateur pour compenser le défaut d'obtention immédiate de la possession ; mais ce dernier ne peut avoir une position meilleure que celle d'un créancier gagiste ordinaire, qui échouerait s'il restait dans l'inaction pendant plus de six mois. C'est encore par application des mêmes principes que, sous l'empire de la loi Cincia, le donateur devait, pour ressaisir le meuble donné, exercer l'interdit *utrubi* avant que le donataire eût acquis une possession plus longue que la sienne dans l'année qui précédait l'émission de l'interdit.

CHAPITRE III.

DES PERSONNES CONTRE LESQUELLES L'INTERDIT SALVIEN PEUT ÊTRE INTENTÉ.

L'interdit Salvien peut être intenté, suivant nous, non-seulement contre le fermier, mais encore contre tout détenteur des objets apportés sur le fonds et engagés au locateur. Les Commentaires de Gaïus et les Institutes de Justinien ne s'expliquent pas à cet égard ; mais, à l'appui de notre opinion, nous pouvons, tout d'abord, faire remarquer que si l'interdit n'atteignait que le débiteur, le bailleur n'aurait à sa disposition qu'une ressource presque complétement illusoire, puisque, pour paralyser son droit, il suffirait au fermier de se dépouiller de la possession. Nous pouvons en outre invoquer le témoignage de Théophile, qui, dans sa paraphrase des Institutes, autorise l'exercice de notre interdit contre tout possesseur. Julien, enfin, est non moins formel dans la loi 1, § 1, D., *de Salv. interd.*, où il nous dit, à propos de deux bailleurs : *Singuli adversus extraneum Salviano interdicto recte experientur.* Favre, il est vrai, a prétendu que le texte de cette loi avait été altéré, et qu'à la place des expressions *Salviano interdicto* il fallait lire : *Serviana non interdicto.*

Nous ne nous arrêterons pas à combattre cette conjecture, qui ne repose sur aucun argument sérieux, et qui n'est motivée que par le besoin qu'éprouvait le savant président, de plier les textes au système qu'il adoptait sur l'interdit Salvien. Nous

devons dire cependant que la loi 1, C., *de prec. et Salv. interd.*, semble refuser à cet interdit la portée générale que nous lui attribuons avec Julien et Théophile, et ne l'accorder qu'à l'encontre du locataire. Cette constitution de l'empereur Gordien, que nous avons déjà citée, est ainsi conçue : « Si le non remit-
» tente pignus, debitor tuus ea, quæ tibi obnoxia sunt, venum-
» dedit : integrum tibi jus est ea persequi, non interdicto Sal-
» viano (id enim tantummodo adversus conductorem debito-
» remve competit) sed Serviana actione, vel quæ ad exemplum
» ejus instituitur utilis adversus emptorem exercenda est. » Il faut bien reconnaître que la conciliation de ce texte avec la loi 1, § 1, D., *de Salv. interd.*, est assez difficile. Les commentateurs ont imaginé bien des systèmes pour faire disparaître la contradiction qui existe entre ces deux fragments ; mais leurs efforts n'ont pas été couronnés d'un succès complet, et la question est encore entourée aujourd'hui d'une certaine obscurité. Certains auteurs admettent franchement que le Code a dérogé au Digeste, de telle sorte que, dans le dernier état du droit, la constitution de Gordien a dû seule être appliquée. Cette opinion nous semble inadmissible. D'une part, en effet, si Gordien avait eu l'intention de modifier les règles anciennes, il n'eût pas ainsi introduit cette innovation dans une phrase incidente. La rédaction même de la constitution paraît indiquer que l'empereur ne fait à l'espèce qui lui est soumise qu'une application des principes du droit, en citant la fonction de l'interdit Salvien. D'autre part, Théophile avait certainement connaissance de cette loi, et si elle avait eu la portée que lui attribue le système que nous repoussons, il n'aurait pas dit en termes aussi positifs que l'interdit Salvien se donnait contre tous les tiers détenteurs.

D'autres auteurs ont supposé, et cela est assez vraisemblable, que le texte de la loi 1, C., *de prec. et Salv. int.*, avait été altéré, et que la constitution ne nous était pas parvenue dans sa teneur primitive. Plusieurs corrections ont été proposées (1). Mais elles

(1) Suivant Doneau, on devrait modifier le texte en lisant *conductoris rem debitorisre*, de telle sorte que la pensée de l'empereur aurait été

nous paraissent assez arbitraires, et nous croyons qu'il est préférable d'adopter l'interprétation présentée par Zimmern et acceptée par M. Machelard dans son *Traité des interdits*. D'après ce système, Gordien aurait voulu simplement exprimer cette idée que l'interdit Salvien ne peut être intenté qu'autant que le débiteur est un *conductor*; et ce serait à raison du défaut de cette circonstance que le postulant est renvoyé à l'exercice de l'action Servienne, ou plutôt de l'action hypothécaire. Les mots *conductorem debitoremve* doivent dès lors s'entendre copulativement, de même que s'il était écrit *debitoremque*. Sans doute, ce système n'est pas parfait, et il peut donner lieu à plusieurs critiques que ses partisans eux-mêmes reconnaissent bien fondées (1). Mais c'est encore celui qui nous paraît le plus admissible et qui concilie le mieux la décision de la loi 1, C., *de prec. et Salv. interd.*, avec les autres textes qui admettent que l'interdit Salvien pouvait être dirigé contre les tiers.

Ainsi donc, suivant nous, cet interdit a une portée générale; nous devons dès lors examiner quels sont les adversaires que pourra rencontrer le bailleur, et quelle sera l'issue du procès qu'il va soutenir contre eux. Ces adversaires peuvent être soit le fermier, soit le propriétaire des objets donnés en gage par le preneur, soit un créancier gagiste ou hypothécaire, soit enfin un autre bailleur.

Aucune difficulté ne saurait être soulevée si nous supposons que le locateur se trouve en face du fermier ou de ses héritiers. Dès qu'il aura fourni les preuves que nous avons exigées de lui, c'est-à-dire dès qu'il aura démontré l'existence d'une convention

que l'exercice de l'interdit n'était possible, au moins d'une façon directe, qu'autant que les objets engagés seraient encore la propriété du débiteur.

(1) Il était inutile, peut-on dire, d'employer en même temps les deux termes *locataire* et *débiteur*, puisque l'interdit ne peut se concevoir qu'autant que le fermier est encore débiteur; d'un autre côté, les expressions *adversus conductorem* ne sont pas très-heureuses pour indiquer que la dette doit prendre sa source dans le contrat de louage. On peut cependant répondre à ces objections, qu'à l'époque où la constitution dont nous nous occupons a été écrite, il ne faut pas s'attendre à trouver la même précision de style qu'au temps des jurisconsultes de la période classique.

intervenue entre lui et le fermier, et l'apport des objets engagés sur le fonds loué, il va pouvoir se saisir de la possession des *res invectæ et illatæ*. Le fermier ne pourrait empêcher ce résultat qu'en justifiant que les causes de l'affectation ont cessé.

La question est plus délicate si nous étudions les autres conflits qui peuvent s'élever. Le bailleur peut en effet avoir pour adversaire le propriétaire des choses affectées par le preneur au paiement des fermages. Il devra, selon nous, triompher dans les hypothèses et dans la mesure où le *colonus* aurait pu se prévaloir de sa possession à l'égard de ce propriétaire. Celui-ci ne pourrait invoquer sa qualité ; elle n'a aucune valeur pour procurer un succès à celui qui est partie dans un interdit possessoire. Ce qui est à décider dans l'interdit Salvien, c'est uniquement l'attribution de la possession ; quant à la question de propriété, elle sera l'objet d'une autre instance.

Le débat peut s'engager entre le locateur et un créancier gagiste ; car le fermier, ayant conservé la possession des *res invectæ et illatæ*, a pu livrer, à titre de gage, à un autre créancier quelques-uns des objets apportés sur le fonds. Dans cette hypothèse, le bailleur pourra intenter efficacement l'interdit Salvien, à moins que le créancier gagiste n'ait eu la possession pendant la majeure partie de l'année. Si cette dernière circonstance venait à se réaliser, le locateur, pour sauvegarder ses intérêts, devrait avoir recours à l'action Servienne.

Il peut encore arriver que le bailleur se trouve en présence d'un créancier hypothécaire. La ressource de l'interdit Salvien ne fera pas défaut au propriétaire du fonds loué ; grâce à ce moyen, qui, d'après le système que nous avons adopté, lui appartient exclusivement, ce dernier va pouvoir triompher dans la voie du possessoire. Son adversaire ne pourrait invoquer le droit d'hypothèque qu'il prétend avoir acquis ; car c'est là une question qui a trait au fond du droit, et qui par conséquent est étrangère au débat actuel. Mais le succès ainsi obtenu par le locateur n'est que provisoire ; il pourra succomber lorsque le créancier hypothécaire exercera l'action quasi-Servienne, si le droit de celui-ci est préférable au sien.

Le conflit, enfin, peut s'élever entre deux copropriétaires du fonds donné à bail. Quelle sera l'issue du procès ? C'est là une question difficile, sur laquelle les commentateurs sont loin d'être d'accord. Julien prévoit cette hypothèse dans la loi 1, § 1, D., *de Salv. interd.*, et il nous en donne une solution très-détaillée dans les termes suivants : « Si colonus res in fundum duorum pignoris » nomine intulerit, ita ut utrique in solidum obligatæ essent, sin- » guli adversus extraneum Salviano interdicto recte experientur. » Inter ipsos vero si reddatur hoc interdictum, possidentis con- » ditio melior erit. At si id actum fuerit, ut pro partibus res obli- » garetur, utilis actio et adversus extraneos et inter ipsos dari » debebit, per quam dimidias partes possessionis singuli ad- » prehendent. » Ce texte prévoit deux hypothèses que nous de- vons examiner séparément.

1re *hypothèse.* — Les objets introduits dans la ferme par le *colonus* ont été engagés à chacun des deux copropriétaires pour le tout. Chacun des bailleurs pourra exercer l'interdit Salvien contre les tiers ; mais si le débat s'élève entre eux, le triomphe est assuré à celui qui possède. On pourrait déjà critiquer, au point de vue de l'équité, cette décision dans laquelle nous voyons Julien suivre la tendance assez commune aux jurisconsultes romains (1), de faire pencher la balance en faveur du possesseur quand ils se trouvent en présence de deux situations égales ; mais le mal ne serait pas sans remède s'il n'y avait là qu'un règlement provi- soire, et s'il était possible d'intenter l'action Servienne pour faire déterminer les droits de chacun des copropriétaires sur les objets affectés à leur garantie. Nous n'hésiterions pas à accorder cette faculté à chacun des bailleurs, si, sur ce point, nous ne devions consulter que le texte de la loi 2, D., *de Salv. interd.* Dans ce fragment, en effet, Ulpien suppose nettement que le succès remporté au moyen de l'interdit Salvien n'est pas définitif, puis- qu'il donne au vaincu la ressource de l'action Servienne, et par là semble admettre que, dans cette dernière action, la circons-

(1) L. 10, D., *de peculio.* — L. 11, pr., D., *de nox. act.*

tance de la possession ne conserve plus la même valeur. Malheureusement cette loi est contredite par un autre fragment d'Ulpien, la loi 10, D., *de pign. et hyp.* (1), qui paraît faire à l'action hypothécaire l'application du même principe : *in pari causa melior est causa possidentis.*

La conciliation de ces deux textes a beaucoup occupé les commentateurs. Avant d'exposer le système que nous adoptons, nous allons passer rapidement en revue les principales explications qui ont été proposées à ce sujet.

Prenant pour point de départ cette proposition, que l'interdit Salvien ne pouvait être exercé qu'à raison d'une chose engagée en totalité, et non à raison de celle qui ne serait engagée que partiellement au demandeur, Cujas donne à cette question, que, dit-il, personne n'a encore clairement expliquée, la solution suivante. La loi 2 ne peut viser le cas d'*obligatio in solidum ;* car ici le fait de la possession est toujours prépondérant pour annihiler le droit du créancier qui ne possède pas, qu'il s'agisse de l'interdit ou de l'action Servienne. Dans cette loi, Ulpien a eu en vue deux bailleurs auxquels les *res invectæ et illatæ* ont été affectées uniquement pour partie. Dans cette hypothèse, aucun des copropriétaires du fonds loué ne pouvant prétendre à la *solida possessio,* aucun d'eux ne peut avoir recours à l'interdit Salvien, puisque cet interdit n'est donné que dans le cas où il y aurait *obligatio in solidum (quoniam in interdicto Salviano de solida possessione agitur, non quæsito partium jure).* Les bailleurs sont, dès lors, désarmés l'un et l'autre quant au possessoire, et l'avantage doit rester à celui qui est actuellement en possession. Mais si celui qui est privé de la possession n'a pas la faculté d'user de

_____

(1) « Si debitor res suas duobus simul pignori obligaverit, ita ut utrique in solidum obligatæ essent, singuli in solidum adversus extraneos Serviana utentur; inter ipsos vero si quæstio moveatur, possidentis meliorem esse conditionem. Dabitur enim possidenti hæc exceptio si non convenit ut eadem res mihi quoque pignori esset. Si autem id actum fuerit, ut pro partibus res obligarentur, utilem actionem competere, et inter ipsos, et adversus extraneos, per quam dimidiam partis possessionem adprehendant singuli. »

l'interdit Salvien, il peut du moins faire reconnaître son droit
par l'action Servienne; car cette action s'applique tout aussi bien
quand l'hypothèque porte sur une part indivise que quand elle
grève une chose entière. Aucune contradiction n'existe donc
entre la loi 2, *Sal. interd.*, et la loi 10, *de pign. et hyp.* Cette dernière semble même servir d'appui à cette explication, puisque,
dans sa partie finale, elle décide que l'action Servienne pourra
faire obtenir sa part de possession au créancier *pro parte.*

Cette théorie de Cujas, ne nous paraît pas exacte. Le grand interprète des lois romaines ne donne, du reste, aucun argument à l'appui de son système, et les auteurs qui l'ont accepté n'ont pu justifier d'une façon satisfaisante le refus de l'interdit Salvien au cas
d'engagement *pro parte.* Il nous semble, en effet, assez difficile de
démontrer que dans l'interdit Salvien *de solida possessione agitur.*
On peut concevoir très-bien l'existence d'un débat restreint à une
partie de la possession, car ce droit, comme la propriété, est susceptible d'appartenir à diverses personnes pour partie, *pro indiviso*(1).
C'est ainsi qu'Ulpien nous dit, à propos de l'interdit *uti possidetis :*
« Hoc interdictum locum habet : sive quis totum fundum possi-
» dere se dicat, sive pro certa parte, sive pro indiviso possideat »
(l. 1, § 7, D., *uti possid.*). Et ailleurs, dans la loi 1, § 6, *quod legat.*,
le même jurisconsulte nous apprend que si un héritier, légataire *per præceptionem*, s'est emparé de la chose léguée, il ne
pourra être atteint par l'interdit *quod legatorum* que pour la part
à laquelle il peut prétendre en qualité de légataire, et non pour
celle à laquelle il a droit comme héritier. Nous ne voyons aucune
raison de décider autrement quant à l'interdit Salvien, et de lui
refuser le pouvoir de faire acquérir la possession pour partie.

Pothier (2) propose une autre conciliation, fondée sur une pré-
tendue différence qui aurait existé quant à la preuve dans les
instances au possessoire et celles au pétitoire.

Le juge de l'interdit Salvien, dit-il, a pu se contenter d'une
semi-preuve. La vraisemblance d'un engagement *in solidum*

---

(1) L. 5, § 15, D., *commodati.* — L. 26, D., *de adq. poss.*
(2) *Pandect. Justin.*, liv. XLIII, tit. xxxiii.

lui a suffi pour maintenir le défendeur en possession. Le juge
de l'action Servienne devra, au contraire, examiner l'affaire
avec plus d'attention; et s'il constate que le premier juge s'est
trompé, s'il est prouvé qu'il y a eu engagement *pro partibus*, le
demandeur obtiendra sa part de possession. « Penitus quæretur
» an pro partibus, an in solidum utrique domino res obligata
» sit. Et si actor docuerit pro portionibus rem fuisse obligatam,
» pignus pro portione sua consequetur. » Mais s'il est reconnu
que l'affectation a été faite *in solidum*, les règles de la loi 10,
de pign. et hyp., devront recevoir leur application, et il faudra
dire encore : *possessoris erit melior conditio.*

Cette doctrine de Pothier est loin de nous satisfaire; nous
croyons même qu'il faut tenir pour une erreur le principe qui
lui sert de base. Il est arbitraire de supposer qu'une preuve
incomplète était suffisante en matière d'interdits. N'est-il pas en
effet peu rationnel d'admettre qu'un procès puisse être gagné
sans que le bon droit du demandeur soit nettement établi ? Sans
doute il y a, en droit romain, des hypothèses dans lesquelles le
juge était dispensé de baser sa décision sur une conviction
entière, des cas dans lesquels il devait seulement *summatim
cognoscere.* Mais lorsque ces situations se présentent, nous trouvons des textes formels (l. 3, § 9, D., *ad exhibendum;* l. 5,
§ 8, *de agnosc. liber.*), qui n'existent pas à l'occasion des interdits. Bien plus, il ressort d'une constitution des empereurs
Sévère et Antonin que l'interdit *quorum bonorum* ne peut être
accordé qu'à celui qui a fourni des preuves complètes de la sincérité de ses allégations : « Quamvis enim bonorum possessionem
» ut præteritus agnovisti, tamen interdicto quorum bonorum
» non aliter possessor constitui poteris quam si te defuncti
» filium esse et ad hereditatem vel bonorum possessionem
» admissum probaveris » (l. 1, C., *quorum bonorum*). Ainsi
donc, d'une part, les textes, loin de prêter un point d'appui à la
doctrine de Pothier, sont au contraire en contradiction avec
elle. Ulpien, d'autre part, ne laisse aucunement soupçonner
dans la loi 2, D., *de Salv. interd.*, que si le possesseur doit succomber lorsqu'on exercera contre lui l'action Servienne,

cela tiendra à ce qu'il possédait au-delà de ce qui lui a été engagé.

Une troisième explication a été présentée par MM. Rudorff, de Vangerow et Demangeat. Elle repose sur cette considération que, dans l'interdit, le juge n'ayant pas à statuer sur la validité du droit de gage, le bailleur peut se faire mettre en possession, dès qu'il a fourni la preuve de la convention d'engagement, et de l'apport sur le fonds loué des objets affectés par le fermier, quand bien même les *res invectæ et illatæ* ne seraient pas la propriété de ce dernier. « Pour comprendre la décision de la loi 2, » *Salv. interd.*, nous dit M. Demangeat (1), il faut admettre que » les objets apportés par le fermier ne lui appartiennent pas. » Titius, à qui ils appartiennent, a permis au fermier de les » hypothéquer à l'un des deux bailleurs, à Primus ; le fermier » les a hypothéqués au bailleur Primus et au bailleur Secundus. » En cas pareil, pourvu que Secundus possède les objets, il » triomphera contre Primus dans l'interdit Salvien ; au con- » traire, l'action Servienne assurerait la victoire à Primus. » Telle sera assurément l'issue du débat ; étant donnée en fait la réunion de toutes les circonstances précédentes ; mais il n'est guère probable que, dans la loi 2, Ulpien ait eu en vue une hypothèse aussi compliquée, hypothèse qui, du reste, devait être bien rare en pratique. La solution qu'il donne semble générale, et nous pensons qu'elle ne doit pas être restreinte au cas particulier que suppose le système de MM. Rudorff et Demangeat.

Ces différentes tentatives de conciliation de la loi 2, *Salv. interd.*, et de la loi 10, *de pign. et hyp.*, ne nous paraissent point donner à la question une solution satisfaisante, et nous préférons adopter la théorie que M. Machelard a présentée dans son *Traité des interdits*. D'après cet auteur, Ulpien, dans la loi 2, vise le cas d'un engagement *in solidum* ; cette loi n'est que le corollaire de la loi 1 du même titre. L'un des bailleurs a succombé sur l'interdit Salvien, parce que son adversaire était en posses-

(1) *Cours élémentaire de droit romain*, t. II, p. 703.

sion; mais il a la ressource de faire déterminer par l'action Servienne les droits qu'il peut avoir sur les *res invectæ et illatæ*. La prépondérance de la possession décisive, quant à l'interdit Salvien, est donc évidemment niée par Ulpien en ce qui concerne le *Servianum judicium*. Il ne serait pas facile autrement de comprendre pourquoi il ouvre cette voie à celui qui a déjà intenté inutilement l'interdit. Il serait d'ailleurs souverainement inique, qu'entre deux créanciers qui auraient reçu conjointement hypothèque sur la même chose, un droit de préférence fût accordé à celui qui se trouve actuellement en possession. Ce résultat, croyons-nous, n'a jamais été accepté par les jurisconsultes de l'époque classique. Le droit d'hypothèque étant indépendant de la possession, cet élément de fait ne peut modifier la situation respective des créanciers, ni ajouter quelque valeur au droit de l'un d'eux. Aussi voyons-nous Paul nous dire dans la loi 20, § 1, *de pign. act.* : « Si pluribus res simul pignori » detur, æqualis omnium causa est. » La seule question qui pouvait faire l'objet d'un doute était celle de savoir si, dans le partage qui doit s'effectuer entre ces divers créanciers, dont la condition est identique, la division devait se faire par portions égales ou proportionnellement à l'importance respective des créances. C'est cette dernière répartition que Marcien admet dans la loi 16, § 8, *de pign. et hyp.* : « Et magis est ut pro quan- » titate debiti pignus habeant obligatum. »

Mais si nous entendons ainsi la loi 2, *Salv. int.*, comment expliquer la contradiction où est tombé Ulpien dans la loi 10, *de pign. et hyp.*, puisque dans ce fragment il semble assimiler complètement les règles de l'action Servienne à celles de l'interdit Salvien, et par suite mettre le créancier hypothécaire qui possède à l'abri de toute poursuite de la part d'un créancier ayant un droit égal? Cette contradiction, à notre avis, n'existait pas dans le texte primitif; elle résulte d'une correction que les commissaires de Justinien ont fait subir à la loi 10. Dans cette loi, il est très-probable que le jurisconsulte ne devait s'occuper que de l'interdit Salvien, et nullement de l'action Servienne; ce fragment n'est, en effet, autre chose que la reproduction de la décision donnée dans la loi 1, § 1, D., *de Salv. interd.* Ulpien avait, sans doute, copié le texte de Julien qu'il devait avoir sous les yeux, mais il l'avait copié tel qu'il se trouve dans la loi 1. Cette supposition acquiert un haut degré de vraisemblance, si l'on considère que la loi 10, *de pign. et hyp.*, est tirée du livre LXXIII du Commentaire sur l'édit, où le jurisconsulte traitait des interdits, ainsi que le prouvent divers extraits de ce livre insérés dans le Digeste. La loi 2, *Salv. int.*, devait être la suite de la loi 10 ; car, ainsi que Cujas l'a démontré, elle est également tirée du livre LXXIII du Commentaire sur l'édit, et non pas, comme l'indiquent certaines éditions, du livre LXX.

Si ce système est exact, si la décision de la loi 10 doit s'appliquer à l'interdit Salvien, il s'ensuivrait qu'Ulpien adoptait la doctrine de Julien : c'est-à-dire qu'en cas d'engagement *in solidum*, il admettait la prédominance de la possession actuelle s'il s'agissait d'un débat possessoire, mais n'accordait plus la même valeur à cette possession s'il fallait apprécier au fond, et dans leurs effets définitifs, les droits de deux créanciers contemporains. Les rédacteurs des Pandectes ont déplacé la loi 10 de son véritable siége pour la transporter à la matière des hypothèques, et, pour mettre le texte d'accord avec la modification qu'ils lui faisaient subir, ils ont effacé le nom de l'interdit, et substitué l'expression *debitor* à celle de *colonus* qui devait se trouver primitivement dans le fragment d'Ulpien.

Cette correction des commissaires de Justinien, qui, du reste, n'est pas isolée, peut s'expliquer par cette considération que, du jour de la création de l'action Servienne, l'interdit Salvien perdit la plus grande partie de son utilité, et était à peu près tombé en désuétude à l'époque de Justinien. On a toutefois utilisé les décisions qui avaient été données par les jurisconsultes à l'occasion de cet interdit en les appliquant à l'action Servienne, dont le nom a été mis à la place de celui de l'interdit.

2ᵉ hypothèse. — Les *res invectæ et illatæ* sont engagées aux deux propriétaires non plus *in solidum*, mais pour partie seulement. Chacun des bailleurs, nous dit Julien, n'a plus alors, tant contre les tiers que contre son copropriétaire, qu'une *actio utilis* pour obtenir la possession d'une moitié. Mais quelle est cette *actio utilis* à laquelle fait allusion la fin du § 1 de la loi 1, *Salv. interd.* ? Suivant Cujas, qui, comme nous l'avons dit, n'admet pas que l'interdit Salvien puisse trouver place dans le cas où l'*obligatio* a eu lieu *pro parte*, il s'agirait ici de l'action Servienne. Nous ne reviendrons pas sur la discussion de cette opinion de Cujas, que nous avons déjà essayé de réfuter; nous pouvons cependant ajouter que, dans notre hypothèse, l'action Servienne utile n'aurait aucune raison d'être, puisque toutes les conditions nécessaires à l'exercice de l'action Servienne elle-même se trouvent réunies. Selon nous, cette action dont parle Julien dans la loi 1 ne serait autre que l'interdit Salvien. C'est la pensée qui s'offre le plus naturellement à l'esprit à la lecture de ce fragment, où le jurisconsulte veut faire ressortir la différence qui existe entre le cas d'engagement *in solidum* et le cas d'engagement *pro parte* des *res invectæ et illatæ*. L'affectation a-t-elle eu lieu *in solidum*, le possesseur va triompher dans l'interdit Salvien, grâce à la possession dont il est nanti; n'a-t-elle eu lieu, au contraire, que *pro parte*, comme les deux copropriétaires ne sont plus exactement dans les mêmes conditions, comme les droits de chacun d'eux sont déterminés par la convention, l'action, c'est-à-dire l'interdit, exercée par le non-possesseur, sera efficace. Le bailleur qui possède le tout ne pourra conserver la possession que pour moitié, puisque, au-delà de cette limite, il détient ce qui ne lui est pas engagé. Notre explication n'a rien de contraire aux habitudes des Romains, car nous voyons dans la loi 37, *de oblig. et act.*, qu'ils faisaient rentrer l'interdit lui-même sous la dénomination d'*actio:* «Interdicta quoque » *actionis* verbo continentur. »

DROIT FRANÇAIS.

PRIVILÉGE DU LOCATEUR D'IMMEUBLES.

INTRODUCTION.

Les garanties accordées par le droit romain au bailleur d'immeubles se rattachent d'une façon si étroite à l'intérêt général de la société, et ressortent si naturellement des relations nécessaires des hommes, qu'elles devaient être admises sans difficulté par notre ancienne jurisprudence. Mais, en s'appropriant cette disposition des lois romaines, les coutumes y apportèrent quelques modifications que nous devons indiquer immédiatement.

L'hypothèque tacite est transformée en un privilége spécial sur certains meubles. Le droit du locateur d'un fonds rural n'est plus restreint aux fruits : il peut s'exercer sur tous les effets mobiliers garnissant la ferme (1). Cette dernière dérogation ne semble pas, toutefois, avoir été unanimement acceptée dans le principe ; et, dans certaines provinces, les traditions romaines conservent toute leur influence. Nous en voyons la preuve dans une compilation d'un auteur inconnu du xvᵉ siècle, qui distingue

_____

(1) Coutume de Paris, art. 171.—Coutume d'Orléans, art. 415 et 416.

encore les fonds urbains des fonds ruraux, et s'exprime à cet égard dans les termes suivants : « Si aucun bourgeois ou citoyen » d'une cité loue à aucun un sien herbergement ou maison en la » cité, les choses étant en ladite maison sont taisiblement obli-» gées pour le loïer selon droit... Et se ferait exécution sur » iceulx biens pour le loïer dessus dit, mais pour le loïer d'un » herbergement ou maison estant hors de cité, comme en villes » champêtres ou en villages, les biens meubles ne sont pas • obligiez. » Un arrêt du 22 novembre 1655 avait même jugé que cette distinction devait recevoir son application dans toutes les coutumes qui ne s'étaient pas formellement expliquées à cet égard, et cette jurisprudence trouvait des appuis dans la doctrine. Il paraît cependant que la solution donnée par cet arrêt n'était pas suivie dans la pratique, et que la France coutumière accordait au bailleur d'un fonds rural un privilége non-seulement sur les fruits, mais encore sur les meubles du fermier (1).

Les coutumes, enfin, tout en reconnaissant l'existence du droit de suite au profit du locateur, apportent à l'exercice de ce droit des restrictions inconnues à Rome. Le propriétaire des lieux loués ne peut plus suivre entre les mains des tiers détenteurs les objets soumis à son privilége, quel que soit le laps de temps écoulé depuis le moment où ils ont été déplacés de la maison ou de la ferme. Son action doit être intentée dans un bref délai ; sinon son droit s'évanouit.

Après avoir ainsi signalé sommairement les points principaux sur lesquels notre ancienne jurisprudence avait dérogé à la législation romaine, nous pouvons maintenant faire connaître les dispositions les plus importantes des coutumes sur le privilége du locateur.

Ce privilége est fondé sur un droit de gage ; il appartient à tout bailleur d'immeubles, que le bail soit écrit ou verbal, que celui qui a loué ait ou n'ait pas la qualité de propriétaire, « La coutume, dit Brodeau (2) en cet art. 161, ne parle que du

---

(1) Basnage, *Traité des hypothèques.* — Pothier, *Du Louage,* n° 228.
(2) Brodeau, sur l'art. 161 de la coutume de Paris.

propriétaire, que la coutume d'Orléans appelle le seigneur d'hostel, d'autres coutumes le locateur ou le louager, comme étant le cas commun et ordinaire qui n'exclut pas l'usufruitier, le bénéficier, le mary, l'emphythéute, le tuteur et autres personnes semblables. »

Le locateur exerce son privilége, aux termes de l'art. 408 de la coutume d'Orléans, et de l'art. 161 de la coutume de Paris, sur tous les meubles apportés par le locataire ou le fermier dans la maison ou la ferme. Peu importe, nous dit Pothier, qu'ils soient ou non en évidence; il suffit qu'ils soient dans la maison pour la garnir ou pour y demeurer, ou pour y être consommés. On ne doit exclure du privilége que l'argent comptant, les créances, et enfin les choses qui ne se trouvent dans les lieux loués que temporairement et avec la destination d'être transportées en un autre lieu (1). Cette dernière exception ne devrait pas, toutefois, être appliquée à l'égard des marchandises.

Les meubles garnissant la maison ou la ferme sont soumis au privilége, quoiqu'ils appartiennent à des tiers; telle est du moins la solution qui semble résulter des articles 408 et 456 de la coutume d'Orléans. Mais la question paraît avoir été l'objet d'une controverse assez vive entre les auteurs. C'est ainsi que nous voyons Brodeau et Coquille enseigner que le privilége ne peut frapper que les meubles dont le locataire est propriétaire, de telle sorte que ceux qui lui ont été confiés par des tiers, à quelque titre que ce soit, ne pourront jamais être saisis par le propriétaire. De Ferrière, sur l'art. 161 de la coutume de Paris, tout en adoptant cette doctrine à l'égard des choses données en gage ou en dépôt au preneur, apporte cependant une exception pour les choses prêtées, et déclare que ces dernières ne sauraient échapper au droit de gage qui est reconnu au profit du locateur. Pothier, enfin, admet sans hésitation que tous ces objets doivent être affectés à la sûreté du propriétaire (2). Il est, en effet,

_____

(1) Pothier, *Du Louage*, n°* 245, 249, 250, 251.
(2) Pothier n'affranchit du privilége que les objets volés et ceux qui se trouvent dans la maison par suite d'un dépôt nécessaire (*Du Louage*, n°* 213, 217).

assez naturel de supposer que celui qui les a donnés en dépôt ou en nantissement au locataire, en consentant qu'ils fussent introduits dans les lieux loués et qu'ils les garnissent, a tacitement et virtuellement consenti qu'ils fussent obligés aux loyers ; mais, dit-il, cette solution n'est exacte que si les meubles remis en dépôt ou en nantissement sont placés en évidence : distinction fort peu logique, assurément, de la part d'un auteur qui soumet au privilége les meubles du locataire, qu'ils soient ou ne soient pas apparents.

Le droit du bailleur peut enfin s'exercer, comme à Rome, sur les effets mobiliers des sous-locataires. Tel était le principe unanimement posé par les coutumes et les auteurs. L'accord cessait toutefois d'exister lorsqu'il s'agissait de déterminer l'étendue de ce droit. Suivant Dumoulin, les meubles des sous-locataires devaient être affectés au paiement de la totalité des sommes dues au propriétaire par le locataire principal ; et cette opinion avait été acceptée par la coutume d'Orléans, dont l'article 408 était ainsi conçu : « Le seigneur d'hôtel peut faire exécution sur tous les meubles qu'il trouve en son hotel pour le paiement des loyers qui lui sont dus, encore que celui sur lequel l'exécution sera faite ne tint que partie de la maison. »

La coutume de Paris, au contraire, écartant la doctrine de Dumoulin, avait maintenu en vigueur les règles beaucoup plus équitables du droit romain. A l'époque de la réformation de cette coutume, le système de la loi 11, § 5, D., *de pign. act.*, était consacré, par le nouvel art. 162, dans les termes suivants : « S'il y a des sous-locatifs, peuvent être pris leurs biens pour ledit loyer et charges du bail, et néanmoins leur seront rendus en payant le loyer pour leur occupation. » La disposition de cet art. 162 semble même avoir formé le droit commun de la France coutumière, ainsi que l'attestent Bourjon et Pothier.

Le bailleur d'une ferme a privilége non-seulement sur tous les meubles qui la garnissent, mais encore sur les fruits produits par le fonds. « Les grains, nous dit Loysel, et biens meubles d'un fermier et locataire, sont taisiblement obligés pour les maisons et loyers du propriétaire. » Le privilége s'exerçait sur les fruits, sans distinction aucune entre les fruits de la récolte de l'année et ceux des années précédentes. Telle était du moins la règle admise par la plupart des coutumes. Le droit du locateur était cependant restreint, dans certaines provinces, à la récolte de l'année courante. « Aucunes coutumes, dit Guy Coquille, attribuent ce droit de saisie pour la dernière année seulement, ce qui semble raisonnable à l'égard du tiers détenteur, qui n'est obligé personnellement ; car étant ainsi que les fruits doivent la redevance, il est bien séant de ne rechercher que les fruits de l'année. »

Le privilège garantit le paiement des loyers et fermages, des indemnités dues pour dégradations et détériorations, et enfin de toutes les autres créances qui peuvent prendre leur source dans le contrat de bail. Mais il est assez difficile de déterminer avec précision l'étendue de la créance privilégiée dans notre ancienne jurisprudence. Les droits du locateur variaient suivant les coutumes.

Nous n'exposerons pas ici leurs différentes dispositions à ce sujet, cet examen devant nous conduire à une énumération qui ne présenterait qu'un intérêt fort médiocre. Nous nous bornerons à faire connaître les règles suivies à cet égard par les coutumes de Paris et d'Orléans.

Le droit de préférence, tout en étant reconnu par la coutume de Paris, n'avait pas été, de la part de celle-ci, l'objet d'une réglementation particulière. Son existence était constatée, mais son étendue n'était pas indiquée. Cette insuffisance des textes avait amené les plus grandes divergences entre les commentateurs. Les uns appliquaient indistinctement le privilège à tous les loyers échus, que le bail fût authentique ou sous seing privé ; les autres le restreignaient à trois quartiers échus et le courant. Quant à la jurisprudence, après quelques hésitations, le Châtelet de Paris, sous l'inspiration du lieutenant civil Le Camus, avait établi, dans trois actes de notoriété des 7 février 1688, 24 mars 1702 et 19 septembre 1716, une distinction fondée sur la nature du bail. Aux termes de ces actes de notoriété, si le bail était authentique, le privilège garantissait tous les loyers échus et tous les loyers à échoir (1) ; mais les autres créanciers du locataire pouvaient user du droit de relocation. Si, au contraire, le bail était sous seing privé ou simplement verbal, le privilége n'était plus accordé que pour les trois termes précédant la saisie et le courant. Cette dernière restriction, nous dit Argout, se justifiait par cette considération « que si l'on étendait le privilége à tous les loyers échus durant le cours du bail, cela pourrait donner lieu à une infinité de fraudes. »

La distinction faite par le Châtelet de Paris ne semble pas avoir été admise au-delà des limites de sa juridiction. Elle était même form lement rejetée dans certaines provinces. C'est ainsi qu'à Orléans, par suite d'un usage constant, le privilége comprenait tous les loyers échus et tous les loyers à échoir, que le bail fût authentique ou sous seing privé ou verbal ; et cet usage était d'autant plus remarquable que les art. 415 et 416 de la coutume limitaient le droit de suite et d'exécution à trois termes échus et à deux termes à échoir. La différence qui existait entre ces règles et celles suivies à Paris pouvait s'expliquer, nous dit Pothier, par cette raison qu'à Orléans tous les baux étaient passés sous signature privée, et qu'on n'avait pas cru nécessaire de prendre les mêmes précautions contre les fraudes qu'à Paris, où elles étaient beaucoup plus communes. Le même auteur critiquait en même temps, d'une façon indirecte, la pratique du Châtelet en ajoutant : qu'on ne devait pas distinguer entre les baux authentiques et ceux faits sous seing privé ou verbaux ; car ce n'était pas à l'authenticité, mais à la nature de l'acte qu'étaient attachés le droit d'hypothèque et le droit de préférence qui en est une suite.

Quoique, dans notre ancienne jurisprudence, le principe que les meubles n'ont pas de suite par hypothèque fût presque universellement accepté, les coutumes cependant avaient cru devoir

(1) Cette règle subissait toutefois deux exceptions : 1° en cas de banqueroute, le juge prononçait la résolution du bail, et le privilége ne pouvait s'exercer dans l'avenir que pour trois ou six mois au plus ; 2° lorsque dans le bail il avait été stipulé que les parties pourraient se départir du contrat (acte de notoriété du 16 février 1688).

apporter une exception à cette règle, et fortifier le privilége du locateur par un droit de suite. Ce droit était consacré par l'art. 171 de la coutume de Paris : « Toutefois les propriétaires des maisons sises ès villes et faubourgs et fermes des champs, peuvent suivre les biens de leurs locatifs ou fermiers exécutés, encore qu'ils soient transportés, pour être premiers payés de leurs loyers ou moisons, et iceux arrêter jusqu'à ce qu'ils soient vendus et délivrés par autorité de justice. » La même faculté était accordée au bailleur par la plupart des coutumes, sauf les différences de détail. Ces différences consistaient notamment dans la fixation du délai pendant lequel le droit de suite devait être exercé. On suivait en général, à cet égard, l'usage des lieux. A Orléans, Pothier nous apprend que le délai avait été restreint à huit jours pour les maisons de ville, et à quarante jours pour les métairies. Le locateur pouvait user de ce droit contre tout tiers détenteur des meubles déplacés de la maison ou de la ferme. Il pouvait même agir contre les acquéreurs de bonne foi. Telle était la doctrine enseignée par Dumoulin dans une note sur l'art. 125 de la coutume de Bourbonnais : *etiam emptoribus bonæ fidei, modo intra breve tempus*. Quelques auteurs, il est vrai, étaient d'un avis contraire; mais leur opinion n'avait pas prévalu. L'action du propriétaire n'était plus recevable non-seulement lorsqu'elle était intentée après l'expiration du délai déterminé par l'usage, mais encore lorsque le locateur avait donné son consentement à l'enlèvement des meubles.

Aucune poursuite ne pouvait non plus être exercée contre ceux qui avaient acheté quelques-uns des effets mobiliers garnissant la maison ou la ferme, soit dans un marché, soit dans une foire, soit dans une vente judiciaire (1).

A côté de ce moyen répressif, des voies préventives étaient ouvertes au propriétaire des lieux loués. L'art. 406 de la coutume d'Orléans lui avait donné un droit d'exécution sur les objets qui constituaient son gage, afin d'empêcher le locataire d'en disposer à son préjudice. La coutume même, dérogeant

(1) Pothier, *Du Louage*, n°ˢ 265 et 266.

5

à cet égard aux règles de droit commun, avait permis au bailleur de faire cette exécution sans être muni d'un titre exécutoire. Cette dérogation, toutefois, ne s'appliquait qu'aux meubles garnissant les lieux loués ; s'il y avait eu déplacement, le locateur ne pouvait plus procéder à l'exécution qu'en vertu d'un titre exécutoire (1).

La coutume de Paris n'était pas aussi favorable au bailleur que la coutume d'Orléans. Elle l'autorisait seulement à saisir-gager les meubles du locataire pour les loyers qui lui étaient dus. « Cette voie de saisie-gagerie, dit Pothier, est une simple » saisie et arrêt qui consiste à saisir et à établir un gardien aux-» dits meubles pour sûreté de ce qui est dû ; mais le locateur » ne peut les déplacer, ni procéder à la vente, qu'il n'ait obtenu » sentence. »

Quant à la question de savoir quel était le rang qu'il fallait assigner au locateur en concours avec d'autres créanciers privilégiés, elle présentait, dans notre ancien droit, une assez grande obscurité. On admettait généralement que certaines créances devaient être préférées à celles du propriétaire. Telles étaient les créances des frais-justice, des frais funéraires (2) ; la créance du roi pour le recouvrement de la taille, du moins dans une certaine mesure. Aux termes, en effet, d'une déclaration du 22 août 1565 et d'un édit du mois d'août 1669, le locateur d'une maison n'était préféré à la taille due par son locataire, que pour six mois de loyer, et le locateur d'un fonds rural que pour une année de ferme. La créance du roi primait le locataire pour le surplus; ce droit de préférence ne s'exerçait toutefois que sur les meubles qui appartenaient au locataire ou au fermier. Mais l'accord cessait d'exister entre les auteurs quand il s'agissait de trancher les autres conflits qui pouvaient se produire. C'est ainsi, par exemple, que Basnage décidait que les créances des médecins, chirurgiens et apothicaires pour les soins donnés pendant la dernière maladie devaient passer avant celle du bailleur. Du-

---

(1) Pothier, *Du Louage*, n° 272.
(2) Suivant un acte de notoriété du Châtelet de Paris du 4 août 1652, on devait les réduire à une somme de vingt livres.

plessis, Lalande et Pothier étaient, au contraire, d'avis que ces différents créanciers ne devaient être colloqués qu'après le bailleur.

Une plus grande divergence régnait encore dans nos coutumes sur le rang que l'on devait assigner aux sommes dues pour semences, frais de récolte et ustensiles. Ainsi, tandis que, dans certaines provinces, comme en Dunois, on accordait aux charrons et maréchaux, pour leurs fournitures de l'année, un privilége sur les fruits qui primait celui du locateur, ce privilége était refusé par la coutume d'Orléans. Ici on préférait au propriétaire les valets de labour, pour les services qu'ils avaient rendus pendant les quatre mois courus depuis la Saint-Jean jusqu'à la Toussaint ; là le vendeur de semences ne passait avant le bailleur que s'il avait de lui un consentement de préférence. Les moissonneurs, cependant, obtenaient, dans la plupart des coutumes, la préférence sur les fruits de la dernière récolte.

Tel était l'état de notre ancienne jurisprudence au moment où l'Assemblée constituante décréta qu'il serait fait un corps de lois civiles communes à tout le royaume. Pendant toute la période du droit intermédiaire, le bailleur continua à jouir de son privilége, conformément aux règles que nous venons d'établir sommairement. On peut toutefois signaler une certaine tendance à limiter l'étendue du privilége du bailleur. Cette tendance se manifeste surtout dans les différents projets du Code civil qui furent élaborés à cette époque. Le premier projet de Cambacérès portait : « L'ordre des préférences sur la vente des meubles est celui-ci : 2° le propriétaire soit d'une maison, soit d'une métairie, pour le terme échu ou le terme courant du bail à ferme ou à loyer ; le second : 4° le terme courant du loyer et des fermages des immeubles qui ont été loués ou affermés. » C'est encore la même tendance que nous rencontrons dans la rédaction primitive de l'art. 2102.

Les loyers et fermages étaient déclarés privilégiés sur le prix de tout ce qui garnit la maison louée ou la ferme ; mais la commission avait proposé de restreindre le privilége du locateur de la manière suivante : « Pour ce qui est échu et le terme courant, si les baux sont authentiques, ou à défaut de baux authentiques, ou lorsque, étant sous signature privée, ils n'ont pas une date certaine, pour une année seulement, y compris le terme courant. Dans les deux cas ci-dessus, le privilége du propriétaire a lieu, en outre, pour le loyer ou fermage, pendant le temps nécessaire, suivant l'usage des lieux, pour louer ou affermer lesdits immeubles, ainsi que pour les réparations locatives et tout ce qui concerne l'exécution du bail. » Cette disposition du projet ne fut pas maintenue ; dans la rédaction définitive de l'art. 2102, on y apporta des modifications importantes, modifications que nous sommes loin d'approuver, car elles ont eu pour résultat d'exagérer les droits du bailleur, et cela au détriment des autres créanciers du locataire.

Nous arrivons ainsi à étudier la législation qui nous régit actuellement. Les locations d'immeubles ont été entourées de garanties imposantes et de nature à dissiper les inquiétudes et les défiances que peut inspirer un preneur, dont la solvabilité n'est pas connue du propriétaire. Il importait en effet de faciliter aux débiteurs nécessiteux les moyens de se procurer l'habitation qui leur est indispensable ; or ce but ne pouvait être atteint qu'en mettant les droits du locateur à l'abri de tout danger. Aussi voyons-nous l'art. 2102 du Code civil reproduire l'ancienne doctrine, et ranger la créance des loyers et fermages parmi les créances privilégiées. Le législateur, dans sa sollicitude pour les intérêts du propriétaire, a même été plus loin dans le Code de procédure : s'inspirant des dispositions des art. 161 et 171 de la coutume de Paris, il a établi à son usage la saisie-gagerie, qui lui permet de mettre sous la main de la justice les meubles qui lui sont affectés, avant même d'avoir obtenu un jugement de condamnation contre le fermier ou le locataire, et de conserver ainsi ses droits sur un gage sujet, par sa mobilité, à échapper à son action (art. 819 C. proc.). Ajoutons enfin que, dans les contestations sur le prix d'un bail verbal, l'art. 1716 veut que le juge croie l'affirmation du locateur, pourvu qu'il la corrobore par son serment ; et qu'en cas d'incendie l'art. 1734 accorde au propriétaire une action solidaire contre tous les locataires de la maison.

De ces différentes prérogatives, une seule va être, de notre part, l'objet d'une attention toute spéciale : nous voulons parler du privilége. Pour donner à cette matière les développements qu'elle comporte, nous aurons à examiner successivement : les personnes auxquelles appartient le privilége ; les choses qu'il grève ; l'étendue du droit de préférence qu'il confère et du droit de suite par lequel il est complété ; le rang qu'on doit lui assigner, lorsqu'il se trouve en concours avec d'autres priviléges ; les restrictions enfin qui y ont été apportées par la loi des 12-20 février 1872 dans l'hypothèse où le locataire est tombé en faillite.

Avant de commencer cette étude, il importe toutefois de déterminer avec soin le fondement sur lequel repose le privilége du locateur d'immeubles. Les priviléges spéciaux sur les meubles, disait M. Grenier dans son rapport au Tribunat sur le titre *Des Priviléges et Hypothèques*, dérivent tous de l'une ou l'autre des deux causes suivantes : ou d'un droit de gage tacite, créé par la loi d'après l'intention présumée des parties ; ou de la circonstance que le créancier a mis ou conservé dans le patrimoine du débiteur un objet qui n'y serait pas sans lui. De ces deux sources, la première seule peut être celle de notre privilége, en tant du moins qu'il porte sur les meubles qui garnissent la maison ou la ferme. Ce n'est plus, au contraire, dans une constitution tacite de gage qu'il prend naissance en tant qu'il frappe la récolte de l'année. Il procède alors plus particulièrement de l'idée de propriété, le locateur devant être considéré comme n'ayant transmis au preneur les fruits produits par sa chose que sous la condition du paiement des fermages qui en sont la représentation (1).

(1) Aubry et Rau, t. III, p. 110, n. 13. — Pont, *Des Priv.*, nᵒˢ 111 et 123.

CHAPITRE Ier

QUELLES PERSONNES ONT DROIT AU PRIVILÉGE.

Le Code, s'inspirant des principes de notre ancienne jurisprudence, a attaché le privilége que nous étudions au fait de la
location d'un immeuble, et non au droit de propriété. L'art. 2102,
en effet, déclare privilégiés les loyers et fermages comme tels,
sans exiger qu'ils soient dus au propriétaire lui-même. Cet
article, dans le dernier alinéa du n° 1, ne parle, il est vrai, que
du *propriétaire*, et par suite l'on pourrait être tenté de croire
que ce dernier seul a droit au privilége. Cette conclusion serait
cependant erronée ; cette expression, que nous trouvons dans
la fin de notre texte, n'y est employée que d'une manière purement énonciative, comme devant s'appliquer aux hypothèses les
plus fréquentes. Si, d'ailleurs, des doutes pouvaient subsister à
cet égard, ils seraient levés par l'art. 819 du Code de procédure,
qui ne fait aucune distinction entre les personnes qui ont la
qualité de propriétaire et celles qui ne l'ont pas, et donne aux
unes aussi bien qu'aux autres la faculté de faire saisir gager,
pour loyers et fermages échus, les effets mobiliers et les fruits
qui peuvent se trouver dans les lieux loués.

Notre privilége doit donc appartenir à tous ceux qui ont loué
valablement les immeubles dont ils avaient la libre disposition ;
ainsi il ne saurait être refusé ni à l'usufruitier, ni au locataire qui
aurait eu le droit de sous-louer, aux termes de son bail, et qui
en aurait usé. Sur ce point tous les auteurs sont d'accord. Mais
une controverse s'est élevée à l'occasion du colonage partiaire,
et l'on s'est demandé si, dans ce cas, il y avait place au privilége
du locateur. La question se réduit à rechercher quelle est la
nature de ce contrat. Faut-il y voir une société ? Le privilége de
l'art. 2102 ne peut prendre naissance au profit du propriétaire ;
nous devrons au contraire le lui accorder si nous ne considérons
ce contrat que comme une espèce de louage. Cette dernière

manière d'envisager le colonage partiaire nous paraît plus exacte que la première. Sans vouloir entrer dans tous les détails de cette controverse, qui nous entraînerait trop loin, nous pouvons justifier notre solution, d'une part, par la place qu'occupent dans notre Code les art. 1763 et 1764, d'autre part par les termes mêmes dont se servent ces articles, qui appellent le colonage un bail, et le colon un preneur. La loi du 25 mai 1838 sur les justices de paix vient, du reste, fournir à notre système un argument décisif, en consacrant dans son article 3 le droit du propriétaire d'opérer contre le colon partiaire la saisie-gagerie, dont le but est d'assurer l'efficacité du privilége du locateur.

Le caractère que nous attribuons ainsi au colonage partiaire nous conduit à décider, sans hésitation, que le propriétaire jouira, pour l'exécution des obligations imposées au colon, du privilége établi par l'art. 2102 (1).

Une autre difficulté a été soulevée par la jurisprudence. Si, en effet, nous supposons que celui qui était primitivement loca-teur a perdu cette qualité par suite de vente de l'immeuble loué, ou de cession du bail, la question se pose de savoir si le locateur originaire peut encore exercer le privilége pour se faire payer les loyers échus avant la vente ou la cession. En d'autres termes, l'ancien bailleur peut-il, malgré les droits de l'acquéreur ou du cessionnaire, faire saisir les meubles du loca-taire en raison des loyers dont il est encore créancier? La cour de Caen, dans un arrêt du 2 juin 1851, s'est prononcée dans un sens affirmatif. La vente, dit-elle, ne peut faire perdre au ven-deur d'un domaine qui est encore créancier du preneur, ni le privilége ni la saisie-gagerie. Si donc des fermages sont dus à l'acquéreur, les deux créances doivent s'exercer concurrem-ment, et par contribution au marc le franc, sur le prix du mobilier saisi.

Cette solution nous semble inadmissible. Le privilége, repo-sant sur un nantissement tacite, ne peut exister qu'à la condi-

(1) Aubry et Rau, t. IV, p. 510.

tion de possession des immeubles loués ; aussi doit-il s'évanouir d'une manière absolue, à l'égard du locateur primitif, dès qu'il y a eu dessaisissement de la part de celui-ci. Les objets qui garnissaient les lieux loués ont cessé d'être son gage pour devenir celui du nouveau propriétaire. C'est donc avec raison, croyons-nous, que la cour de Nîmes a décidé que, lorsqu'un domaine affermé ayant été vendu, le fermier en continue l'exploitation pour le compte de l'acheteur, les effets mobiliers garnissant la ferme ne peuvent être saisis-gagés par celui que la vente a dépouillé de sa propriété, même pour fermages échus antérieurement à l'aliénation (31 janv. 1820).

Il pourrait être toutefois stipulé, dans l'acte de vente, que le vendeur entend se réserver son privilège de bailleur, et alors cette clause produirait son effet entre les parties, en ce sens qu'elle conserverait à l'aliénateur son droit de préférence vis-à-vis de l'acquéreur, qui ne pourrait pas le primer dans la distribution du prix. Mais, à l'égard du locataire, elle ne saurait modifier la position qui lui a été faite ; elle ne saurait autoriser l'ancien bailleur à procéder à une saisie-gagerie. C'est ce qui résulte d'un arrêt de la cour d'Orléans du 23 novembre 1838. Il faudrait, au contraire, admettre que les droits du bailleur originaire seraient complétement sauvegardés s'il avait formé une saisie-gagerie sur les meubles du preneur avant l'époque de l'aliénation, celle-ci ne pouvant l'empêcher d'y donner suite.

Dans notre ancien droit, Pothier (1) enseignait que le tiers qui avait payé le locateur de tout ce qui lui était dû par le locataire succédait au privilège, pour la répétition de ce qu'il avait payé à la décharge de ce dernier, et exerçait à cet égard tous les droits du bailleur. Cette solution ne doit être admise aujourd'hui que si la personne qui a ainsi libéré le preneur a obtenu une subrogation conventionnelle ou se trouve dans la possibilité d'invoquer une subrogation légale (2). Le fait seul d'avoir payé une créance privilégiée ne peut suffire, en principe, à opérer la subro-

---

(1) Pothier, *Du Louage*, n° 232.
(2) Pont, *Des Priv. et Hyp.*, t. I, n° 117.

gation. Nous voyons bien, dans l'art. 593 du Code de procédure, une disposition qui semblerait militer en faveur de l'opinion contraire ; mais il ne faut pas oublier que nous sommes dans une matière de droit essentiellement étroit, et que, par suite, l'on ne saurait étendre à des hypothèses autres que celles prévues par cet article la solution exceptionnelle qu'il contient. Nous devons enfin faire observer que l'art. 2102, n'attachant le privilége qu'à la location d'un immeuble, il faut en conclure que le locateur de choses mobilières ne pourrait pas avoir droit à cette garantie. C'est ainsi que la cour de Grenoble a jugé que le locataire d'une usine qui cède son bail à un tiers, auquel il loue en même temps des machines qu'il y a établies et qui sont sa propriété, ne jouit pas, pour le paiement du loyer de ces machines, du privilége de l'art. 2102, les machines ne pouvant, en ce cas, être considérées comme immeubles par destination à l'égard de leur propriétaire (1).

CHAPITRE II.

QUELS SONT LES OBJETS SOUMIS AU PRIVILÉGE.

Aux termes de l'art. 2102, le privilége du locateur porte, lorsqu'il s'agit du bail d'une maison, sur tous les meubles qui la garnissent ; lorsqu'il s'agit d'une ferme, non-seulement sur tous les effets mobiliers qui la garnissent et servent à son exploitation, mais encore sur les fruits de la récolte de l'année. Le Code établissant ainsi, au point de vue des objets soumis au privilége, des distinctions d'après la nature de l'immeuble loué, et des difficultés particulières à l'un et l'autre cas s'étant produites en doctrine comme en jurisprudence, il importe d'examiner séparément les deux hypothèses.

(1) Dalloz, Rép., v° priv., n° 220, note 2.

SECTION I.

BAIL D'UNE MAISON.

Si le bail est d'une maison, nous dit l'art. 2102, le privilége du bailleur s'exerce sur tout ce qui la garnit ; et, pour que cette garantie ne soit pas illusoire, l'art. 1752 vient permettre d'expulser le locataire qui ne garnit pas la maison de meubles suffisants, ou qui, tout au moins, ne fournit pas, à défaut de meubles, d'autres sûretés capables de répondre du loyer.

Mais quels sont les objets qui peuvent être réputés garnir les lieux loués, et qui, par suite, doivent être considérés comme grevés du privilége du locateur ? A quels signes reconnaître les choses qui ont ce caractère de celles qui ne l'ont pas ? Le Code est muet sur cette question ; et ce silence de l'art. 2102 a eu pour résultat de donner naissance à une controverse qui divise les auteurs, chacun d'eux essayant de combler cette lacune de nos lois par une règle générale.

D'après MM. Dalloz et Troplong, il n'y a d'objets garnissants que les objets apparents, et, par conséquent, ils affranchissent du privilége non-seulement l'argent comptant et les titres de créance, mais encore les pierreries, les bijoux et en général les choses qu'on est dans l'habitude de tenir sous clef, comme le linge, la vaisselle d'argent. Toutes ces choses, disent ces auteurs, n'étant pas placées en évidence, le locateur n'a pas pu compter sur elles pour la sûreté de ses loyers.

D'après un autre système, il faut entendre par meubles garnissant la maison tous ceux qui, à raison de la destination même des lieux et pour leur exploitation, doivent y rester d'une manière habituelle et permanente. Ainsi présenteront ce caractère les meubles qui ont été apportés, soit pour la commodité et l'agrément de l'habitation, soit pour servir aux usages domestiques ou à l'exercice de la profession du locataire. Ces objets seront soumis au privilége, qu'ils restent constamment en évidence ou qu'ils soient ordinairement tenus renfermés. Quant

aux choses dont l'absence permanente ou momentanée n'empê-
cherait pas les lieux loués d'être parfaitement garnis de ce que
l'on y place d'habitude, elles ne devraient pas être comprises
dans le privilége.

Ces différents systèmes ne donnent pas, suivant nous, l'exacte
expression de la pensée du législateur. Les distinctions qu'ils
font sont purement arbitraires, et, si elles devaient être ac-
ceptées, susceptibles de produire dans la pratique une confusion
inextricable. Aussi préférons-nous dire, avec MM. Pont et Mourlon,
qu'il faut considérer comme garnissant la maison tous les effets
mobiliers qui s'y trouvent, « qu'ils soient ou ne soient pas ap-
» parents, qu'ils soient apportés dans la maison à raison de la
» destination même des lieux, ou contrairement à cette desti-
» nation ; que leur présence dans les lieux où ils sont paraisse
» ou non extraordinaire, cela est indifférent. Par cela seul qu'ils
» occupent une place dans la maison, ils la garnissent (1). »

Nous ne pouvons, en effet, admettre que la loi, qui a voulu
donner au locateur une garantie simple et efficace pour assurer
le paiement de ses loyers, ait voulu imposer à celui-ci l'obligation de faire la preuve que tel objet était apparent ou que tel
autre objet était destiné à l'usage ordinaire du locataire, lorsqu'il
se présentera, à la distribution des deniers provenant de la vente
des meubles, pour réclamer l'attribution de ce qui lui est dû. Le
Code, croyons-nous, a voulu purement et simplement reproduire
les dispositions des coutumes de Paris et d'Orléans, qui, ainsi que
nous l'avons déjà vu, accordaient au propriétaire un privilége
sur tous les meubles du locataire *étant dans la maison*. Les expressions de l'art. 2102 semblent, il est vrai, moins larges que
celles dont se servaient les coutumes de Paris et d'Orléans. Nous
ne pensons pas toutefois que le législateur les ait employées dans
le but d'apporter une limitation aux choses soumises au privilége. Ces termes ont été empruntés à Pothier, qui, commentant
l'art. 103 de la coutume d'Orléans, parle constamment du droit

(1) Mourlon, *Examen critique du commentaire de Troplong sur les priviléges*, n° 83.

du propriétaire sur les *meubles qui se trouvent dans sa maison*, ou *qui la garnissent*, sans faire aucune différence entre ces deux formules.

Le système que nous adoptons nous paraît, du reste, conforme à l'esprit de la loi, puisque le locataire aura d'autant plus de crédit que la sûreté offerte au bailleur sera plus grande. Le propriétaire, n'ayant aucune inquiétude pour son droit, se montrera moins rigoureux à l'égard du preneur, et n'exigera pas à chaque terme échu le paiement de ce qui lui est dû. Il sera peut-être possible de prévenir ainsi les difficultés et les complications, que ne manqueraient pas de soulever les systèmes contraires. Dira-t-on que nous méconnaissons l'intention probable des parties ? Assurément non ; car le bailleur, qui voit apporter dans sa maison des meubles destinés à renfermer d'autres objets mobiliers, compte que son privilège portera sur des meubles garnis et non sur des meubles vides.

Un dernier argument, enfin, nous est fourni par le Code de procédure. Le législateur, en effet, ne s'est point borné à accorder au bailleur un privilège sur les meubles introduits dans sa maison ; il a mis, en outre, à sa disposition, sous le nom de saisie-gagerie, une voie d'exécution toute particulière. Ce moyen, destiné à faciliter l'exercice du gage du propriétaire, ne saurait évidemment avoir plus d'étendue que le droit en vue duquel il a été créé. Si donc le bailleur peut saisir · gager certains meubles, c'est que certainement ils sont soumis à son privilège. Or quels sont les objets sur lesquels il peut pratiquer cette saisie ? *Ceux qui sont dans sa maison*, nous dit l'art. 819 du Code de procédure. Ce sont les termes mêmes de la coutume de Paris qui ont passé dans cet article. Comment, dès lors, se refuser à admettre que le législateur, qui reproduit ainsi, mot pour mot, la règle de notre ancien droit, n'ait pas eu aussi l'intention de reproduire purement et simplement l'idée qui y est comprise ? Objectera-t-on que dans cet art. 819 on retrouve les expressions « *les meubles qui garnissent la maison ?* » Mais que conclure de cette variante commandée par un pur intérêt de style ? rien autre chose que ceci : c'est que, dans nos lois comme dans les ouvrages de Pothier, les deux formules ont le même sens. et la même étendue.

A notre théorie, cependant, nous apporterons les exceptions que Pothier lui même apportait à son système. Ainsi nous ne soumettrons pas au privilége :

1° Les choses qui ne sont dans la maison qu'en passant, et avec la destination d'être transportées dans un autre lieu, en tant que le locateur aura pu et dû avoir par lui-même la conscience que ces choses ne sont venues qu'accidentellement dans les lieux loués, qu'elles n'y ont été apportées que momentanément. Cette exception ne devrait pas s'appliquer toutefois aux marchandises garnissant les magasins du locataire commerçant ; car, quoi-qu'elles n'entrent dans ces magasins que pour y rester pendant un laps de temps en général assez court, on ne peut dire néanmoins qu'elles ne se trouvent que par accident dans les lieux loués : elles y sont à demeure, sous la réserve d'une destination commerciale ou industrielle, et elles garnissent la maison ;

2°. L'argent comptant ; car, devant être dépensé au dehors, on ne peut dire qu'il est dans la maison pour y demeurer, et qu'il a pu entrer dans les prévisions du bailleur de le comprendre parmi les choses qui doivent répondre des loyers;

3° Les créances : elles ne sont point en effet dans la maison où sont déposés les titres qui les constatent ; elles ne sont ni là ni ailleurs, car, étant des choses incorporelles, elles n'ont et ne peuvent avoir aucune situation.

Ajoutons enfin que le privilége ne devrait pas s'étendre à l'indemnité due, en cas d'incendie, au locataire qui a fait assurer son mobilier. L'opinion contraire a trouvé cependant des partisans parmi les auteurs ; elle a même été consacrée par quelques arrêts, mais à tort suivant nous. L'indemnité payée par la compagnie d'assurances ne constitue qu'une créance personnelle au locataire, et, à ce titre, forme le gage commun de tous ses créanciers. Le bailleur ne pourrait prétendre à un droit de préférence que dans l'hypothèse où il aurait imposé au preneur l'obligation de faire assurer son mobilier, et se serait fait subroger au bénéfice de l'indemnité à laquelle celui-ci a un droit éventuel. Nous n'admettrons pas non plus que le privilége puisse s'exercer sur l'indemnité allouée au locataire pour privation de jouissance, en cas d'expropriation pour cause d'utilité publique (1).

Parmi les meubles qui garnissent la maison, il peut s'en trouver quelques-uns qui n'appartiennent pas au locataire, qui ne soient en sa possession que parce qu'il les détient à titre de gage, de dépôt volontaire, de location ou de prêt. Ces objets seront néanmoins soumis au privilége du bailleur, pourvu que celui-ci soit de bonne foi, c'est-à-dire n'ait pas eu connaissance du droit des tiers. Cette dérogation au principe « que l'on ne peut acquérir de droit que sur les biens de la personne avec laquelle on contracte » peut se justifier facilement. Le locateur a, sur les objets apportés dans la maison louée, une sorte de possession de gage qui lui permet de repousser la revendication du véritable propriétaire par la maxime « en fait de meubles, possession vaut titre » (art. 2279). La position du bailleur qui compte acquérir un droit de gage sur les objets garnissant sa maison est analogue à celle de l'acheteur qui traite pour acquérir la propriété. La mise en possession, jointe à la bonne foi du possesseur, procure à celui-ci, par une sorte de prescription instantanée, le droit réel qu'il a voulu et qu'il a cru obtenir. Cette solution, du reste, n'a rien que de très-équitable en ce qui concerne le locateur. Celui-ci a pu croire que le locataire était propriétaire des meubles dont il le voyait en possession. Ces objets ont contribué à lui inspirer confiance; il a compté sur eux : il ne faut pas qu'il soit trompé dans sa légitime attente. D'autre part, le propriétaire de ces choses qui les a prêtées ou confiées au locataire est en faute d'avoir suivi sa foi. Il savait ou devait savoir que tout ce qui garnit une maison louée répond, par privilége, des obligations du bail, et, dès lors, on peut dire qu'il a consenti tacitement à ce que les objets remis au preneur fussent affectés à la sûreté du bailleur.

(1) La cour de Rouen, se fondant sur le rapprochement des art. 1741 du Code civil et 18 de la loi du 3 mai 1811, a cependant jugé le contraire dans un arrêt du 12 juin 1863 (Sir., 63, 2, 175).

Le Code civil nous présente deux applications de cette règle. C'est ainsi qu'aux termes de l'art. 1813, le cheptel confié par un tiers à un fermier est obligé au paiement des fermages, à moins que ce tiers n'ait pris soin d'avertir, par une notification préalable, le propriétaire du fonds que les animaux livrés au fermier ne lui appartenaient pas. C'est ainsi encore que notre art. 2102 décide que le privilége du vendeur d'effets mobiliers ne s'exerce qu'après celui du locateur, à moins qu'il ne soit prouvé que ce dernier savait que le prix des objets achetés était encore dû.

Mais, pour que les meubles appartenant à des tiers soient compris dans le privilége, est-il nécessaire qu'ils soient placés en évidence ? Pothier se prononçait pour l'affirmative (1). Nous n'accepterons pas cette opinion. Ces meubles, croyons-nous, doivent être frappés du privilége toutes les fois qu'ils l'auraient été s'ils eussent été véritablement la propriété du locataire ; qu'ils soient en évidence ou non, peu importe. La distinction de Pothier nous paraît, du reste, peu logique. Si elle était exacte, elle devrait s'appliquer tout aussi bien aux meubles qui appartiennent au locataire qu'à ceux qui ne lui appartiennent pas; et pourtant il n'établissait aucune différence, quant aux premiers, entre les choses apparentes et celles qui ne le sont pas.

Il ne faudrait pas croire cependant que, dans toutes les hypothèses, les meubles des tiers garnissant la maison seront grevés du privilége. La règle n'est point absolue, et elle souffre plusieurs exceptions que nous allons parcourir successivement.

1° Si, avant l'introduction, dans les bâtiments loués, des effets mobiliers appartenant à des tiers, le bailleur a eu connaissance du droit de ces derniers, le privilége ne peut prendre naissance. Ici, en effet, tout manque à la fois au locateur. Non-seulement il n'a pas du propriétaire le consentement au moins présumé qui aurait pu servir de fondement à son droit, mais encore il ne peut plus invoquer sa bonne foi, car il a été averti : il devait prendre ses précautions et obtenir du preneur des garanties suffisantes.

(1) *Du Louage*, n° 246.

Cette exception est unanimement admise par tous les auteurs, et elle ne pouvait pas ne pas l'être. Mais des difficultés peuvent se produire si l'on recherche à quelles conditions elle existe. Si, en effet, d'une part, l'art. 1813 semble exiger une notification préalable pour que le cheptel livré au fermier d'autrui ne soit pas obligé au propriétaire, d'autre part l'art. 2102 classe le privilége du vendeur avant celui du locateur, dès qu'il a été prouvé que ce dernier savait que le prix des meubles garnissant la maison n'avait pas encore été payé, sans distinguer entre les causes qui ont pu apporter cette circonstance à la connaissance du propriétaire. Il est permis, dès lors, de se demander s'il est indispensable que ce soit par une notification que le bailleur soit informé de l'état réel des choses, ou s'il suffit qu'il en ait eu connaissance par une voie quelconque. Il ne saurait y avoir, à cet égard, de théorie absolue. On peut dire, sans doute, qu'en règle générale une notification est nécessaire, ainsi que l'a fort bien établi un arrêt de la cour de Bordeaux du 16 mars 1849 (1); seule elle sauvegarde complétement les droits des tiers, en leur permettant de prouver d'une façon précise que le locateur a su que les meubles garnissant la maison n'étaient pas la propriété du locataire, et ne pouvaient, par conséquent, être frappés du privilége. Ce sera le meilleur moyen de repousser l'allégation d'un prétendu consentement tacite, et d'éviter une preuve qui pourrait souvent être difficile. Mais il faut reconnaître aussi que, dans certaines circonstances, on ne saurait opposer raisonnablement au propriétaire des meubles l'omission de l'acte, par lequel il aurait dû dénoncer sa propriété au locateur. C'est ainsi que, par un arrêt du 30 juin 1825, la cour de Poitiers a décidé que, quoiqu'il n'y ait pas eu notification préalable, le privilége ne pouvait s'étendre sur les objets mobiliers que, suivant l'usage notoire des pensionnats, les élèves apportent chez leur maître de pension (2).

(1) Cet arrêt décide que le privilége subsiste, malgré la connaissance que le bailleur a eue de la vente des objets garnissant les lieux loués, vente faite sans déplacement à un tiers, qui aurait ensuite loué l'usage de ces objets à un nouveau locataire des mêmes lieux.
(2) Dalloz, *Rép.*, n° 255, note 1.

C'est ainsi encore qu'il a été jugé que le propriétaire d'une
salle de spectacle n'a pas de privilège, pour les loyers, sur les
objets mobiliers servant à l'exploitation du théâtre, lorsque, de
la notoriété publique, d'un usage constant, il résulte que le propriétaire de la salle savait bien que ces meubles n'appartenaient
pas au locataire (1).

Une notification préalable serait encore moins nécessaire à
l'égard des choses qui n'ont été confiées au locataire qu'en raison
de sa profession : tels sont, par exemple, les livres remis à un
relieur, les effets déposés par des voyageurs dans une hôtelle-
rie, etc. Ici, point de doute, point d'erreur possible. On doit pré-
sumer, à raison même des circonstances dans lesquelles ces
objets ont été introduits dans les lieux loués, que le bailleur
n'a pas ignoré que le locataire n'en était pas propriétaire, et, par
suite, l'on ne saurait admettre qu'il ait pu compter, pour la sûreté de ses loyers, sur des choses qui ne font que passer entre les
mains du locataire. C'est par l'application des mêmes principes
que le privilège ne doit pas s'étendre aux objets manufacturés
ou à manufacturer que les tiers ont pu confier au preneur et
déposer dans la fabrique qu'il exploite. C'est donc à tort qu'en
donnant cette solution, la cour de cassation a motivé son arrêt
par cette considération que ces objets n'étaient pas la propriété
du locataire; car, d'après tout ce qui précède, nous venons de
voir que cette circonstance ne les empêchait pas toujours d'être
soumis au privilège (2).

Lorsque le locateur a ignoré, à l'origine, que les meubles qu'il
a vus en la possession de son locataire ne lui appartenaient pas,
et qu'on ne lui en a donné avis que par une notification postérieure à leur introduction dans la maison, il est évident que ces
meubles seront grevés du privilège. Mais des difficultés se sont
produites relativement à la question de savoir s'ils répondent
tout à la fois des loyers qui ont couru depuis leur apport dans
les lieux loués jusqu'à la notification, et de tous les loyers à

(1) Dalloz, Rép., n° 257, note 3.
(2) Req. 22 juillet 1823.

échoir postérieurement à cette époque. Certains auteurs pensent que ces meubles ne doivent pas être obligés envers le locateur avec la même étendue que ceux qui seraient la propriété du locataire lui-même. La revendication des tiers, disent-ils, devrait être admise s'ils offraient de payer au propriétaire tous les termes échus et en outre un terme à échoir. Ces tiers, en effet, réparent ainsi la faute qu'ils avaient commise ; le locateur reçoit une satisfaction suffisante, et il a tout le temps nécessaire pour exiger des sûretés nouvelles. Son droit n'est point compromis pour l'avenir, puisqu'aux termes de l'art. 1752 il a la ressource d'expulser le locataire, si la maison n'est point garnie de meubles susceptibles de lui donner une garantie complète (1).

Les considérations d'équité, qu'invoquent à l'appui de leur opinion les partisans de ce système, ne nous paraissent pas suffisantes pour le faire accepter. Qu'il y ait indélicatesse, de la part du bailleur, à conserver, pour sa sûreté à venir, des biens dont il sait parfaitement que le locataire n'est pas propriétaire, nous l'accordons volontiers ; ce n'est pas néanmoins une raison pour adopter une opinion que nous croyons bonne en elle-même, mais qui, en présence de notre législation actuelle, nous semble purement arbitraire. Dès qu'ils sont une fois frappés du privilège, les meubles des tiers doivent partager le sort commun à tous les autres objets mobiliers garnissant la maison, avec lesquels ils sont confondus ; car il n'existe aucun texte qui les isole de la masse affectée et consacre en leur faveur un droit spécial (2).

2° Le privilège ne pourrait comprendre les choses qui, par suite d'un dépôt nécessaire, ont été momentanément placées dans les bâtiments loués, comme si, dans le cas d'un incendie, un voisin a fait porter dans la maison de mon locataire ses meubles pour les préserver des flammes. On ne peut, en ce cas, supposer qu'il ait consenti à ce qu'ils garnissent ma maison.

(1) Pont, Des Priv., n° 119. — Mourlon, Examen critique du commentaire de Troplong sur les privilèges, n° 88.
(2) Aubry et Rau, t. III, § 261, note 23.

3° Le locateur, quoiqu'il soit de bonne foi, n'a pas de privilége sur les meubles apportés dans sa maison par le locataire, lorsque ces meubles ont été volés ou perdus, si ces objets sont revendiqués par leur véritable propriétaire dans les trois ans à compter du vol ou de la perte (art. 2279). Sans doute le bailleur a pu croire qu'ils étaient la propriété du preneur, mais cela ne suffit pas. Il est, en effet, impossible de dire, dans cette hypothèse, que celui auquel ces meubles appartiennent les a tacitement affectés à la sûreté du bailleur, puisque ce n'est pas avec son assentiment qu'ils ont été introduits dans les lieux loués. Le droit de gage ne saurait d'ailleurs être mieux protégé que le droit de propriété. Or, puisqu'aux termes de l'art. 2279, la bonne foi de l'acquéreur d'un meuble volé ou perdu ne peut faire obstacle à l'exercice de l'action en revendication du véritable propriétaire, à plus forte raison doit-on décider que le bailleur ne pourrait pas non plus paralyser le droit de ce dernier, et ne saurait être autorisé à rester nanti de son gage.

Le propriétaire peut enfin, comme dans le droit romain et l'ancienne jurisprudence française, exercer son privilége sur les meubles des sous-locataires. L'art. 820 du Code de procédure nous dit en effet que les meubles des sous-locataires et sous-fermiers garnissant les lieux par eux occupés peuvent être saisis-gagés pour les loyers et fermages dus par le locataire ou le fermier de qui ils tiennent leur droit. Mais, le sous-locataire n'étant tenu vis-à-vis du propriétaire du fonds loué que jusqu'à concurrence du montant du prix de la sous-location, ses meubles ne sont grevés du privilége que dans la même mesure, et, par suite, ce propriétaire ne peut les saisir que jusqu'à concurrence du loyer dont le sous-locataire est encore débiteur à l'égard du locataire principal. Cette solution ressort nettement des art. 1753 du Code civil et 820 du Code de procédure. Le sous-locataire est donc à l'abri des poursuites que le propriétaire peut diriger contre lui, s'il lui est possible de prouver qu'il a payé ses loyers entre les mains du preneur. Pour éviter toutefois les fraudes qui pourraient se produire, la loi déclare que les paiements faits par anticipation ne seront pas opposables au bailleur principal, à moins qu'ils n'aient été effectués en vertu d'une stipulation du bail, ou en conséquence de l'usage des lieux (art. 1753). La garantie que le propriétaire trouve dans les meubles des sous-locataires pouvant être ainsi restreinte dans certaines hypothèses, il devra, s'il est prudent, exiger que le locataire principal lui donne d'autres sûretés, ou garnisse les lieux loués de meubles suffisants pour garantir le paiement de l'excédant du prix du bail principal sur le prix de la sous-location.

Le propriétaire peut agir contre les sous-locataires sans avoir besoin d'invoquer le bénéfice de l'art. 1166. L'action que l'art. 1753 met à sa disposition est une action directe, ce qui lui permet d'éviter, sur le prix de sous-location, le concours des autres créanciers du locataire principal.

De ce que les meubles du sous-locataire ne sont obligés à l'égard du propriétaire que jusqu'à concurrence du loyer dû au locataire principal, il semblerait que l'on pourrait conclure que le privilège ne doit pas subsister dans l'hypothèse où le preneur aurait fourni à un tiers l'habitation gratuite d'une partie de la maison qu'il a louée. Telle était en effet, dans notre ancien droit, l'opinion de Barthole, Domat et Basnage. La doctrine contraire avait cependant trouvé des partisans. Pothier, entre autres, n'hésitait point à accorder le privilège. « Un seigneur d'hôtel, disait-
» il, qui compte, pour la sûreté de ses loyers, sur les meubles
» dont il voit sa maison garnie, serait trompé si la maison ou
» presque toute la maison se trouvait occupée par différents par-
» ticuliers qui diraient que le principal locataire leur a accordé
» une habitation gratuite ; il me paraît équitable que leurs
» meubles soient obligés au loyer, à proportion de la partie
» qu'ils occupent (1). » C'est à cette dernière opinion que nous croyons devoir nous ranger, dans tous les cas du moins où cette habitation gratuite aurait une importance réelle, soit quant à la durée, soit quant à l'étendue des lieux occupés (2). Cette solution semble contraire, il est vrai, au texte de l'art. 220 du Code

(1) Pothier, *Du Louage*, n° 230.
(2) Pont, *Des Priv.*, n° 119.

de procédure pris à la lettre ; mais elle nous paraît conforme à son esprit. Il y a, en effet, dans la fraude signalée par Pothier, une source de dangers analogues à ceux qui ont fait annuler au législateur les paiements anticipés.

SECTION II.

BAIL D'UNE FERME.

Lorsqu'il s'agit du bail d'une ferme, le privilége du bailleur porte sur les meubles qui la garnissent, sur tout ce qui sert à son exploitation, et enfin sur les fruits de la récolte de l'année. Nous n'avons pas à rechercher quels sont les meubles qui peuvent être considérés comme garnissant la ferme ; nous n'aurions qu'à répéter ici ce que nous avons dit précédemment pour l'hypothèse du bail d'une maison. Mais, une difficulté ayant été soulevée relativement à la portée des expressions de l'art. 2102, qui déclare privilégiés les fermages sur tout ce qui garnit *la ferme*, nous devons déterminer avec soin le sens que l'on doit donner à ce dernier terme. D'après certains auteurs, il s'appliquerait même au cas où le bail n'aurait pour objet que des terres isolées de tout bâtiment d'exploitation. Telle n'est point notre opinion. Le législateur, croyons-nous, a voulu parler uniquement, dans l'art. 2102, des domaines ruraux, tels qu'ils sont d'ordinaire l'objet d'un bail à ferme, c'est-à-dire de domaines qui comprennent tout à la fois des terres et des bâtiments d'habitation ou d'exploitation. Le sens du mot *ferme* employé par l'art. 2102 nous paraît évidemment restreint par le terme *maison* qui le précède immédiatement. Si l'art. 819 du Code de procédure autorise le bailleur à saisir-gager, pour fermages échus, les effets mobiliers qui se trouvent dans les maisons et *sur les terres*, ce n'est point, à notre avis, aux terres isolées, mais à celles qui font corps avec les bâtiments ruraux, que sa disposition est applicable. C'est donc à tort, suivant nous, que la cour d'Aix (1)

(1) 30 mars 1865. — Sir., 65, 2, 333.

a accordé un privilège au bailleur d'un terrain vague sur les échafaudages qu'y avait établis le preneur. Cette solution nous semblerait, du reste, fort contestable, en supposant même que l'on devrait donner aux expressions de l'art. 2102 une portée autre que celle que nous leur attribuons ; car c'est forcer la signification du mot *garnir* que de l'appliquer à des échafaudages élevés sur un terrain nu (1).

Quant aux choses qui servent à l'exploitation, il est facile de les reconnaître, et cette question ne demande pas des développements considérables. Ce sont toutes les choses, bestiaux, instruments et ustensiles quelconques dont le fermier fait usage pour cultiver l'immeuble affermé, et en retirer toute l'utilité qu'il est susceptible de procurer. Si toutefois les animaux avaient été donnés à cheptel au preneur par un tiers, et si le propriétaire de la ferme avait été averti de cette circonstance particulière par une notification, nous savons qu'ils ne seraient pas atteints par le privilège.

Le privilège du locateur d'un bien rural s'étend, en outre, à tous les fruits de la récolte de l'année, de quelque nature qu'ils soient. Aucune distinction ne doit être faite entre les fruits pendants par branches et par racines et ceux qui sont détachés du sol. Les art. 520 et 521 du Code civil considèrent, il est vrai, comme des immeubles, les récoltes qui n'ont pas encore été perçues. Cette qualification n'empêche pas cependant qu'elles ne puissent être saisies mobilièrement, par la voie de la saisie-brandon (art. 626 et suiv. du Code de procédure) et que le prix de la vente ne soit distribué par contribution. Mais ici nous devons faire observer que le privilège, en tant qu'il porte sur les fruits et récoltes de l'année, appartient à tout locateur de biens ruraux, que le bail comprenne ou ne comprenne pas des bâtiments de ferme. Le propriétaire, en effet, comme nous l'avons déjà dit, n'est censé avoir abandonné les fruits futurs des immeubles loués qu'à la condition du paiement des fermages, et en avoir ainsi, en quelque sorte, retenu la propriété.

(1) Aubry et Rau, t. III, p. 140, note 12.

Le privilége pourra s'exercer tant que les fruits resteront en la possession du fermier; leur vente non suivie d'enlèvement ne pourra causer aucun préjudice au bailleur (Limoges, 26 août 1848). Si au contraire ils avaient été livrés sans fraude à l'acquéreur, le privilége devrait disparaître. Telle était la doctrine de Domat dans l'ancien droit. « Ce privilége, disait-il, doit s'en-» tendre, suivant notre usage, à l'égard des fruits qui sont ou » pendants ou encore en la possession du débiteur ; car s'il les » a vendus et livrés à un acheteur de bonne foi, ils ne peuvent » pas être revendiqués entre ses mains. Ainsi celui qui, dans un » marché, achète des blés d'un fermier, ne pourra être recher-» ché par le propriétaire du fonds d'où est venu ce blé, pour le » paiement du prix de la ferme; car celui-ci a dû veiller à son » paiement. » Il a même été jugé que le bailleur ne pouvait prétendre à aucun droit de préférence sur le prix de vente (1). C'est donc au propriétaire non payé des fermages à prévenir, par la voie de la saisie-gagerie, la perte de son droit. S'il ne l'a pas fait, comme les fruits sont, en raison même de leur nature, destinés à être vendus, il est présumé avoir consenti à leur enlèvement (2).

L'art. 2102 ne parle que de la récolte de l'année ; il n'en faudrait pas conclure cependant que les fruits des récoltes précédentes échappent au privilége. Quelle que soit l'époque de leur perception, ces fruits, dès qu'ils sont engrangés dans les bâtiments d'exploitation, doivent être considérés comme garnissant la ferme, et, à ce titre, affectés à la sûreté du propriétaire. L'article 819 du Code de procédure autorise la saisie-gagerie des récoltes qui se trouvent dans la ferme, sans faire aucune distinction entre les fruits de l'année et ceux des années précédentes. La disposition de l'art. 2102 nous indique toutefois qu'il y a, au point de vue qui nous occupe, une différence notable entre les deux espèces de fruits. Les récoltes des années précédentes ne pouvant être frappées du privilége que comme objets garnis-

(1) Lyon, 21 fév. 1836.—Dalloz, Rép., n° 231.
(2) Aubry et Rau, t. III, p. 148.

sant la ferme, il est dès lors indispensable qu'elles soient déposées dans les bâtiments qui en dépendent. Le droit que le locateur peut avoir sur elles s'évanouit dès qu'elles sont sorties des lieux loués, à moins que leur enlèvement ne soit le résultat d'une fraude et ne donne lieu à l'exercice du droit de revendication, dont nous parlerons bientôt. Il en est tout autrement lorsqu'il s'agit des récoltes de l'année. Quant à elles, le privilége qui les grève n'est pas fondé sur un nantissement tacite; il procède plus particulièrement de l'idée de propriété. Il en résulte que le droit du propriétaire subsiste, quoique ces fruits aient été engrangés dans des bâtiments ne faisant pas partie de l'exploitation agricole (1). Dans cette dernière hypothèse, cependant, le bailleur ne pourra exercer son privilége qu'à la condition de prouver l'identité des fruits, preuve qui sera, il faut bien le reconnaître, assez difficile quelquefois. C'est pour éviter les contestations que peut soulever la démonstration de cette identité des fruits, comme aussi pour faciliter au bailleur la surveillance, et au besoin la saisie de la récolte, que la loi impose au fermier l'obligation d'engranger dans les lieux à ce destinés d'après le bail. Mais, dans certains cas, les prévisions du législateur peuvent être trompées, et des difficultés sérieuses peuvent se produire. Nous pouvons supposer, en effet, que, le fermier cultivant avec les immeubles loués des biens dont il est lui-même propriétaire, ou qu'il a pris à ferme d'une autre personne, toutes les récoltes se trouvent déposées dans les mêmes bâtiments. Il appartiendrait alors aux tribunaux de déterminer, dans cette hypothèse, d'après les différentes circonstances de la cause, la portion du prix total des récoltes sur laquelle porterait le privilége.

Lorsque les fruits de la récolte de l'année n'ont pas été engrangés dans les bâtiments de la ferme, il arrivera quelquefois que le privilége du bailleur de la ferme n'obtiendra que le second rang. Celui, en effet, dans la grange duquel les fruits ont été déposés, a aussi, pour le loyer de sa grange, un privilége qui

(1) Pont, *Des Priv.*, n° 123.

affecte la récolte qu'il a conservée en la renfermant; et s'il est de bonne foi, s'il n'a pas eu connaissance du droit du propriétaire du domaine, il doit lui être préféré.

En cas de sous-location de la ferme, le privilége du propriétaire porte sur les effets des sous-fermiers et sur les fruits produits par les terres qu'ils sous-louent, mais dans la limite seulement du prix de sous-location. C'est ce qu'indique nettement l'article 820 du Code de procédure, en décidant que les sous-fermiers pourront obtenir mainlevée de la saisie-gagerie, en justifiant qu'ils ont payé sans fraude entre les mains du locataire principal.

Disons enfin, en terminant cette section, sauf à examiner la question ultérieurement, que, sur le prix des fruits et des ustensiles servant à l'exploitation du fonds rural, le bailleur peut être primé par plusieurs personnes qui ont reçu de la loi un privilége spécial sur ces choses.

CHAPITRE III.

DE L'ÉTENDUE DE LA CRÉANCE PRIVILÉGIÉE.

Le privilége a pour objet d'assurer l'exécution complète du bail, il doit donc s'appliquer à toutes les créances qui prennent leur source dans le contrat de louage. Aussi l'art. 2102 nous dit-il que le privilége a lieu : 1° pour les loyers et fermages; 2° pour les réparations locatives; 3° pour tout ce qui concerne l'exécution du bail. Dans cette dernière catégorie, nous rangerons non-seulement toutes les créances résultant des obligations tant principales que secondaires du preneur, mais encore toutes celles qui ne sont que les conséquences de conventions spéciales insérées dans le contrat de louage. Ainsi le privilége existerait pour les détériorations survenues par la faute du preneur, pour les fournitures, et en général pour les avances faites par le bailleur en vue de l'exploitation. A l'égard de cette dernière créance,

la jurisprudence et la plupart des auteurs (1) n'admettent aucune
distinction; que les avances soient faites par le bail même et cons-
tatées dans l'acte dressé par les parties, ou qu'elles ne soient faites
qu'à une époque postérieure, peu importe : elles devront toutes
être comprises dans le privilége. Rien de plus équitable que cette
solution, dit-on; l'intérêt de l'agriculture et l'exécution du bail
lui-même nécessiteront ces avances, qui seront d'autant plus
volontiers accordées qu'elles seront plus sûrement garanties.
Telle n'est point notre opinion. Nous ne contestons pas, à la
vérité, l'équité de la doctrine contraire; mais ces partisans nous
paraissent avoir oublié que les priviléges sont de droit strict, et
ne peuvent être étendus par interprétation à des cas qui n'ont
pas été prévus par le législateur. Soutiendra-t-on que les expressions de l'art. 2102 : « tout ce qui concerne l'exécution du bail, »
doivent s'appliquer même aux avances faites pendant le cours
du bail? Mais alors où devra-t-on s'arrêter? à quelles limites
faudra-t-il restreindre la portée de ce texte? Qui ne voit, du reste,
les difficultés d'appréciation que soulèvera la question de savoir
si les sommes fournies par le bailleur ont été remises au locataire en vue de l'exécution du bail ou dans un tout autre but!
On laisse ainsi à l'arbitraire une large place; et le pouvoir dis-
crétionnaire que l'on est forcé d'abandonner aux tribunaux
pourra souvent être bien dangereux pour les autres créanciers
du preneur. Pothier, qui, dans notre ancien droit, adoptait, non
sans quelque hésitation cependant, le système que nous combattons, Pothier, disons-nous, constatait lui-même que, lorsque
les avances n'étaient pas faites en vertu d'une clause du bail,
la créance du locateur naissait d'un contrat de prêt séparé et
distinct du bail, et que l'extension du privilége à cette hypothèse n'était que le résultat d'un usage constant. Cette raison,
qui pouvait être bonne dans notre ancienne jurisprudence, où
les causes des priviléges étaient assez mal délimitées, ne saurait avoir aujourd'hui aucune valeur; et puisque, dans notre

_____

(1) Pothier, *Du Louage*, n° 251. — Pont, *Des Priv.*, n° 125. — Dalloz, *Rép.*,
1, 264. — Angers, 27 août 1821.

espèce, il y a, de l'aveu même de nos adversaires, un véritable
prêt, il faut reconnaître que nous sommes en dehors des termes
de l'art. 2102, et par conséquent refuser le privilège au bailleur (1).

Après avoir ainsi déterminé les obligations à la sûreté desquelles sont affectés les meubles garnissant la maison ou la
ferme et les fruits de la récolte de l'année, il nous reste maintenant à examiner dans quelle mesure le privilège va pouvoir
s'exercer. Deux situations peuvent se présenter : ou le locateur
procède seul à la saisie des meubles, ou il se trouve en conflit
avec les autres créanciers du locataire. Le premier cas n'est pas
et ne pouvait pas être prévu par l'art. 2102 , qui, réglant une
question de privilège, suppose nécessairement le concours de
divers créanciers venant exercer leurs droits, chacun à son
rang, sur les valeurs à distribuer. Quand le bailleur est seul
poursuivant, il agit comme un créancier ordinaire et non plus
comme un créancier privilégié; il ne pourra, dès lors, en cette
qualité, saisir et faire vendre les meubles de son locataire que
jusqu'à concurrence du montant des loyers échus. Quant aux
loyers à échoir, il ne peut se les faire payer par anticipation. Si,
après la saisie, les lieux loués ne se trouvent plus garnis de
meubles suffisants pour assurer le paiement des loyers futurs,
le bailleur aura seulement le droit d'expulser le preneur
(art. 1752).

Nous laissons donc de côté cette première hypothèse, pour ne
nous occuper que de celle prévue par notre article, c'est-à-dire
du cas où le locateur est en présence des autres créanciers du
preneur. Quelle sera alors l'étendue de la créance privilégiée ?
olution de cette question nous est donnée par l'art. 2102 et
pa. une loi du 19 février 1872. Cette loi ne s'appliquant que
lorsque le locataire est en faillite, et devant faire, du reste, l'objet
d'un chapitre spécial, nous ne parlerons uniquement ici que de
l'art. 2102.

Le système organisé par le Code civil repose tout entier sur

(1) Bugnet, sur Pothier, n° 254, note 1.

une présomption de bonne ou de mauvaise foi. On pouvait
craindre, en effet, qu'il ne survînt un accord secret entre le
bailleur et le locataire, dans le but de frauder les autres créanciers de ce dernier. Il fallait éviter qu'au moyen d'un bail men-
songer faisant apparaître des créances imaginaires, il fût possible
d'étendre, au préjudice de la masse des créanciers, un droit déjà
si exorbitant et si ruineux pour eux. Aussi voyons-nous la loi,
s'inspirant de l'ancienne pratique du Châtelet, établir une distinction entre les baux qui ont acquis et ceux qui n'ont pas acquis
date certaine avant l'événement qui donne lieu à la distribution des deniers. Nous suivrons cette distinction, et nous exami-
nerons séparément les deux hypothèses.

I. — Le bail est-il authentique, on n'a pas à redouter qu'un
concert frauduleux s'établisse entre le locateur et le locataire :
tout est constaté par les énonciations du bail ; la bonne foi est
présumée, et le privilége obtient sa plus large extension, c'est-
à-dire qu'il comprend tous les termes échus (1) et tous les termes
à échoir, sauf aux autres créanciers à user du droit de relocation
que la loi leur accorde. Les termes échus ne peuvent évidemment
être colloqués par privilége qu'à la condition de ne pas être
atteints par la prescription quinquennale de l'art. 2277. Mais que
décider si, les loyers étant prescrits, le preneur a renoncé à la
prescription ? ces loyers pourront-ils encore être compris dans
le privilége ? Nous sommes ainsi conduit à rechercher si la renonciation à la prescription est opposable aux autres créanciers
du renonçant. Cette difficile question a donné lieu à plusieurs
systèmes que nous ne pouvons exposer ici. Nous nous bornerons
à dire que, suivant nous, lorsqu'un créancier dont la créance
est prescrite se trouve en conflit avec les autres créanciers de
son débiteur, ceux-ci ont la faculté de le repousser directement
et de considérer la renonciation comme non avenue à leur
égard, sans être obligés de prouver d'abord l'insolvabilité et la

(1) La cour de Paris a même jugé que s'il résulte des circonstances
que le prix réel était plus élevé que le prix porté dans le bail, le propriétaire peut être colloqué pour la totalité de la somme due en réalité
par le locataire (Dall., *Rép.*, n· 268).

fraude de leur débiteur. L'art. 2225 nous paraît, en effet, leur
conférer un droit qui n'est ni celui de l'art. 1166, ni celui de
l'art. 1167. La loi a voulu les protéger énergiquement contre la
fausse délicatesse des débiteurs, que des scrupules irréfléchis
peuvent pousser quelquefois à la renonciation d'une prescription
accomplie en leur faveur. Aussi nous croyons que si le locataire
a négligé d'invoquer la prescription des termes échus, ou qu'il
y ait renoncé, ses autres créanciers pourront s'en prévaloir à
l'égard du bailleur, et restreindre ainsi le privilége, dans le passé,
aux loyers non prescrits.

La loi met sur le même rang que le bail authentique le bail
sous seing privé qui a acquis date certaine, ce qui, aux termes de
l'art. 1328 du Code civil, peut résulter soit de l'enregistrement
de l'acte, soit de la mort de l'une des parties, soit enfin de la
constatation du titre dans des actes dressés par des officiers publics, tels que procès-verbaux de scellés ou d'inventaire. Si l'événement qui a ainsi fixé la date du contrat s'est réalisé le jour
même de l'entrée en jouissance, aucune difficulté ne peut se
produire : les droits du bailleur seront les mêmes que s'il y
avait bail authentique. Mais la question devient délicate si l'on
suppose que, le contrat n'ayant pas, dans le principe, date certaine,
il l'a acquise dans la suite et avant l'événement qui donne lieu à
la distribution des deniers. Dans cette hypothèse, il n'est pas
douteux que les loyers échus depuis que le bail a reçu date certaine ne doivent se trouver compris dans le privilége ; mais
devrons-nous admettre la même solution quant aux années
antérieures à cette époque? D'après certains auteurs, elles devraient être exclues du privilége.

La théorie de la loi, disent-ils, ayant pour base les principes
relatifs à la preuve des obligations, le bail ne peut être opposé
aux créanciers que du jour seulement où il a acquis date certaine ; tant que l'un des événements énumérés dans l'art. 1328
ne s'est pas réalisé, il doit être réputé inexistant à leur égard (1).
Nous ne pouvons accepter cette doctrine, qui nous semble en

(1) Pont, *Des Priv.*, n° 126.

complète contradiction avec le texte de l'art. 2102. Cet article ne recherche pas si le bail a reçu date certaine à une époque plutôt qu'à une autre. Il place le bail sous seing privé sur la même ligne que le bail authentique, dès qu'il est bien certain que ce bail existait avant la saisie ou la faillite. Aux yeux de la loi, le droit du propriétaire est à l'abri de tout soupçon de fraude. « Si on excluait du privilége les années échues avant que » le bail eût acquis date certaine, dit M. Demante (1), ce serait » apparemment par crainte de la fraude qui consisterait à subs- » tituer au bail primitif un acte contenant des conventions dif- » férentes. Or, si l'on suppose que cette fraude a été commise, » ce ne sont plus seulement les loyers échus qu'il faudrait re- » fuser au propriétaire, mais aussi, et même principalement, les » loyers à échoir. Or c'est ce qui serait inconciliable avec la » loi. » Ainsi donc, suivant nous, quoique le bail n'ait acquis date certaine qu'après coup, il doit avoir néanmoins les mêmes effets qu'un bail authentique, et le privilége garantira tous les loyers échus et à échoir. Ce système était d'ailleurs suivi dans notre ancien droit. Denisart, en rapportant les actes de notoriété du Châtelet du 24 mars 1702 et du 19 septembre 1716, dans lesquels, au point de vue de la créance privilégiée, une distinction était faite entre les baux authentiques et les baux sous seing privé, Denisart, disons-nous, ajoutait en note que si le bail sous seing privé avait été reconnu en justice avant la saisie des meubles du locataire, il devait donner au locateur les mêmes droits que s'il avait été fait devant notaires.

Il peut arriver quelquefois que, par suite de la perte du droit que le bailleur avait sur les immeubles loués, le bail ait une durée moindre que celle portée dans l'acte authentique ou sous seing privé ayant date certaine. Un usufruitier, par exem- ple, donne à bail les biens dont il a l'usufruit pour une durée de vingt années ; ou bien encore, des époux étant mariés sous le régime de la communauté, le mari consent un bail des immeu- bles de sa femme pour le même laps de temps ; le preneur

(1) *Revue étrangère et française*, t. IX, p. 719.

tombe en faillite ou en déconfiture deux ans après son entrée en jouissance ; le privilége s'étendra-t-il à tous les loyers à échoir ? Ce qui peut faire naître le doute, c'est que si l'usufruitier vient à mourir, si la communauté est dissoute avant l'expiration du bail, celui-ci peut se trouver réduit à une période de neuf ans, sur la demande du propriétaire qui ne veut pas le maintenir pour tout le temps pour lequel il a été consenti. Nous n'hésitons pas cependant à admettre que tous les loyers à échoir seront compris dans le privilége ; seulement les loyers futurs seront déposés à la caisse des dépôts et consignations et touchés par l'usufruitier et le mari, au fur et à mesure qu'ils y auront droit. C'est, croyons-nous, le seul moyen de concilier tous les intérêts.

Quelque favorable que soit aux yeux de la loi le bail authentique ou sous seing privé avec date certaine, les autres créanciers du locataire seront autorisés à combattre la présomption de sincérité qui s'attache aux baux de cette espèce , et à prouver qu'ils ne sont que le résultat d'une fraude conçue dans la prévision de la faillite ou de la saisie. Si une telle preuve était faite, le bail tomberait, et avec lui un privilége qui désormais serait sans cause (1).

II. — Lorsque le bail sous seing privé n'a pas date certaine, ou lorsqu'il est purement verbal, la loi le tient pour suspect et n'accorde plus au locateur qu'un privilége limité. Aux termes de l'art. 2102, les loyers et fermages sont privilégiés, dans ce cas , *pour une année à partir de l'année courante.* L'insuffisance et le défaut de clarté de cette disposition ont été la cause de divergences profondes entre les auteurs. Quelle est en effet la pensée du législateur ? Un seul point ressort nettement de notre texte : c'est que, dans l'avenir, le privilége n'embrasse qu'une seule année , celle qui suit l'année courante. Mais que décider quant à l'année courante elle-même , et surtout quant aux années échues ? Trois systèmes principaux se trouvent en présence sur cette question ; un quatrième a même été proposé par Mourlon dans son *Examen critique du commentaire de Troplong sur les*

(1) Pont, *Des Priv.,* n° 126.

priviléges, et, bien qu'il n'ait pas réussi, nous croyons cependant devoir en dire quelques mots.

D'après ce système, le Code a voulu reproduire purement et simplement l'ancien usage du Châtelet de Paris, qui n'accordait le privilége au locateur n'ayant pas de bail authentique que pour une année composée du terme courant et des trois derniers termes échus; seulement il a pris, par inadvertance, l'année courante pour le terme courant. Une seule année donc est privilégiée, et elle doit se calculer non point, en remontant dans l'avenir, à compter de l'expiration du terme courant, mais, en retournant en arrière, à partir du même point de départ. Nous ne nous arrêterons point à discuter cette doctrine, qui pourrait être pour son auteur l'occasion des justes reproches qu'il adresse aux commentateurs « qui, substituant leur propre raison à celle du législateur, semblent mettre leur honneur à se montrer plus sages ou plus rationnels qu'il ne l'a été lui-même, et, au lieu d'accepter la loi telle qu'elle est, s'ingénient à la corriger si elle leur paraît imparfaite. » Elle se réfute d'elle-même par l'invraisemblance des suppositions sur lesquelles elle se fonde. Elle doit non-seulement admettre que le législateur s'est trompé et a pris l'année courante pour le terme courant, mais encore elle dénature la portée de l'expression *à partir de*, dont le sens naturel indique que l'année privilégiée, dont il est question dans l'article 2102, doit être prise uniquement dans l'avenir et non dans le passé. N'est-il pas évident, du reste, que si les rédacteurs du Code avaient eu l'intention de consacrer l'ancien usage du Châtelet, ils eussent reproduit la formule si précise et si nette des actes de notoriété, au lieu d'employer des termes dont la signification est complétement différente ?

Cette opinion ainsi écartée, nous restons en présence de trois systèmes.

1er *système.* — Lorsque le bail n'a pas date certaine, le privilége ne peut s'appliquer qu'à l'année qui suit l'année courante. Les années échues et l'année courante elle-même n'y sont point comprises. Tout privilége réclamé, disent les partisans de cette doctrine, a besoin d'être fondé sur un texte précis; les argu-

ments d'analogie ou par *a fortiori* ne sont pas admis en cette matière. Or quel texte a privilégié les années échues ? Ce n'est pas
assurément le premier alinéa de l'art. 2102, qui n'a trait qu'au
bailleur nanti d'un titre dont la date est certaine. Quant au
second alinéa du même article, que dit-il ? Que, dans l'hypothèse
dont il s'agit, le privilége peut s'exercer « pour une année à
partir de l'expiration de l'année courante. » Une seule année
donc est privilégiée : c'est la première des années à échoir ; l'année courante n'est mentionnée que pour servir de point de départ ; à ne considérer que le texte de la loi, elle se trouve en
dehors du privilége. Le législateur s'est emparé de l'idée qui
avait inspiré la rédaction des actes de notoriété du Châtelet de
Paris ; mais, au lieu de n'accorder qu'une année composée des
trois derniers termes échus et du terme courant, ils ont placé
l'année privilégiée tout entière dans l'avenir. Si, enfin, ajoute-
t-on, on consulte les travaux préparatoires, on voit que
M. Treilhard, soutenant la disposition qui restreint le privilége
à une année à partir de l'année courante, la justifiait en disant :
« La section aurait craint de donner ouverture à la collusion, si
elle eût attaché aux baux qui n'ont pas date certaine l'effet de
donner un privilége pour un temps plus long que l'espace d'une
année. » Et comme MM. Begouen et Defermon objectaient que la
fraude serait difficile, puisque le fait du bail est notoire, M. Treilhard répondait « que si le fait du bail est notoire, les conditions
ne le sont pas ; qu'ainsi rien n'est plus facile au propriétaire que
de se concerter avec le fermier pour exagérer le prix de la ferme
et frustrer les créanciers. » L'art. 2102 ayant été voté sur cette
explication, il semble bien qu'il a été entendu, par cela même,
que, lorsque le bail n'a pas date certaine, le privilége ne peut
comprendre les années échues, ni même l'année courante, et
qu'il doit être restreint à une année unique, celle qui suit l'année courante.

2ᵉ *système.* — Le privilége embrasse non-seulement une année dans l'avenir, mais encore l'année courante.

L'opinion précédente, disent les auteurs qui adoptent ce système, s'attache trop à la lettre du texte de l'art. 2102. Il est bien

7

évident, en effet, que la loi, qui comprend dans le privilége une année de l'avenir, n'a pas pu en exclure l'année courante; autrement on tomberait dans l'absurde. Si la loi a présumé la bonne foi et la sincérité du bail pour une année qui n'a pas encore commencé, c'est à-dire pour une époque où tout peut être suspecté, l'existence aussi bien que les conditions du bail, à plus forte raison a-t-elle dû admettre la même présomption pour l'année courante, puisqu'ici on ne peut mettre en doute l'existence du bail, qui est démontrée par la possession.

Cette interprétation, du reste, est celle qui a été produite au Corps législatif par M. Tarrible, en demandant l'adoption des art. 819 et suivants du Code de procédure. « Le Code Napoléon, disait-il, a accordé au propriétaire un privilége sur les fruits de l'année et sur le prix de tout ce qui garnit la maison ou la ferme, pour l'entière exécution du bail s'il a date certaine, ou pour *l'exécution de l'année courante* et *de la suivante* lorsque le bail n'a ni authenticité ni date certaine. »

3e *système.* — Le privilége garantit non-seulement les loyers de l'année courante et de l'année qui la suit, mais encore tous les loyers échus.

La simple comparaison des alinéas de l'art. 2102 1° montre que la restriction apportée au privilége dans le cas où le bail n'a pas date certaine ne vise que les loyers à échoir. Quant aux loyers de l'année courante et des années précédentes, le législateur ne s'en est pas occupé, et ils doivent jouir du privilége attaché aux loyers et fermages en général, par cela seul qu'il ne leur a pas été retiré. Ce que les rédacteurs du Code ont voulu empêcher, c'est un concert frauduleux entre le bailleur et le preneur, pour assigner au bail, au préjudice des autres créanciers, une durée plus longue que celle qu'il devait avoir en réalité. Mais, si cette restriction du privilége se comprend pour l'avenir, elle n'a plus sa raison d'être pour le passé.

Le Code de procédure vient, au surplus, confirmer cette interprétation. D'une part, en effet, l'art. 661 porte que le locateur pourra appeler la partie saisie et l'avoué le plus ancien en référé devant le juge commissaire, pour faire statuer préliminairement sur son privilége pour raison *des loyers à lui dus;* d'autre part, l'art. 662 déclare que les frais de poursuite seront prélevés par privilége avant toute créance autre que celle pour *loyers dus* au propriétaire. De même encore, l'art. 819 du même Code vient permettre au propriétaire, *soit qu'il ait un bail, soit qu'il n'en ait pas,* d'exercer la saisie-gagerie pour *loyers et fermages échus.* De tous ces articles il semble donc bien résulter que les loyers de l'année courante et des années précédentes se trouvent compris dans le privilége, que le bail ait ou n'ait pas date certaine.

Tels sont les trois systèmes entre lesquels nous devons choisir. Nous repousserons tout d'abord le second, qui ne nous paraît fondé sur aucun argument sérieux. La loi, disent ses partisans, qui accorde le privilége pour une année de l'avenir, n'a pu, sans se montrer inconséquente, le refuser à l'année courante. C'est là une simple affirmation qui ne prouve absolument rien. Quant à l'autorité de M. Tarrible qu'ils invoquent à l'appui de leur doctrine, elle ne saurait être ici d'un grand poids; car, dans un article qu'il a publié dans le *Répertoire* de Merlin, il a lui-même soutenu la restriction du privilége à une seule année.

Restent donc deux opinions seulement entre lesquelles l'hésitation nous semble possible : l'une d'après laquelle le privilége est limité à une seule année prise tout entière dans l'avenir; l'autre d'après laquelle le privilége comprend tous les loyers échus l'année courante et une année dans l'avenir. C'est à cette dernière théorie, adoptée du reste par la jurisprudence et un grand nombre d'auteurs (1), que nous croyons devoir nous rallier; elle nous paraît être l'expression la plus exacte de la pensée du législateur. Plusieurs objections cependant peuvent lui être faites; nous allons les passer rapidement en revue.

I. — Si l'on consulte les travaux préparatoires, a-t-on dit, c'est à peine si on voit se produire l'idée du privilége étendu aux années échues; cette idée n'est mise en avant que pour les baux ruraux, et elle est aussitôt écartée. La première rédaction du texte de la loi, les observations des tribunaux sur le projet, les discussions auxquelles il donna lieu, contiennent d'ailleurs des traces marquées et saisissantes des anciens usages du Châtelet de Paris.

A cet argument nous pouvons répondre que, s'il est vrai que la discussion qui eut lieu au conseil d'État semble prêter un certain appui aux systèmes que nous écartons, elle n'est pas néanmoins assez précise pour être considérée comme décisive. Elle n'a point abouti à une résolution définitive, mais à un simple renvoi à la section de législation, et les procès-verbaux subséquents n'indiquent pas quelle a été la suite donnée à ce renvoi. Quant à l'objection tirée de la pratique du Châtelet, elle n'a aucune valeur; le texte même de notre article prouve, d'une façon indiscutable, que le législateur a formellement dérogé à cet usage.

II. — La loi a craint, quant aux termes échus, les fraudes qui pouvaient être pratiquées entre le locateur et le locataire. Comprendre dans le privilége toutes les années échues, c'est permettre aux parties de se concerter soit pour faire disparaître les quittances qui constatent les paiements, soit pour exagérer le prix du bail, soit enfin pour reculer l'époque de l'entrée en jouissance.

De ces différentes fraudes, une seule, nous l'avouons, peut constituer un danger réel : c'est la suppression des quittances. Mais ce danger est comme une nécessité qu'il faut subir; aucun remède ne pouvait le prévenir, et la loi, qui ne pouvait l'empêcher, n'a pas dû s'en préoccuper. Nous en avons la preuve dans ce qui se produit lorsque le bail a date certaine. Dans cette hypothèse, la suppression des quittances est tout aussi facile que lorsque le bail n'a pas date certaine, et cependant cette considération n'a pas arrêté le législateur, qui a accordé au locateur un privilége pour toutes les années échues.

Quant aux deux autres fraudes, elles sont peu probables et pourraient être facilement déjouées. Que peut-on redouter, en effet? que les parties ne fassent un nouvel acte de bail pour grossir le prix de location? Mais cette crainte n'a pas empêché le législateur d'accorder le privilége pour l'année qui suit l'année courante. Dans chaque pays, d'ailleurs, le prix des locations a des bases à peu près certaines, de telle sorte qu'il sera bien difficile de soustraire cette collusion aux yeux de la justice. Si le prix du bail a été exagéré, il sera facile de le ramener dans ses véritables limites. Des experts nommés à cet effet l'évalueront suivant la qualité et la situation de l'immeuble loué.

Dira-t-on qu'il sera possible aux parties d'augmenter le nombre des années échues en reportant le commencement du bail à une époque antérieure à sa véritable date? Mais c'est là, de l'aveu même de nos adversaires, un danger qui n'est pas sérieux. La notoriété publique suffira pour faire échouer toute tentative ayant pour objet de déplacer le moment de l'entrée en jouissance; celle-ci constitue un fait connu de tout le monde, et dont, par conséquent, la vérification pourra être faite sans aucune difficulté. Cette vérification sera même d'autant plus facile que, désormais, aux termes des lois des 23 août 1871 et 27 février 1872, les locations verbales doivent être l'objet d'une déclaration au bureau de l'enregistrement dans les trois mois de l'entrée en jouissance (1).

La restriction du privilége quant aux années échues n'a donc aucune raison d'être; pourquoi la supposer, alors surtout qu'elle est contraire au texte des art. 661, 662 et 819 du Code de procédure? A quelle inconséquence, du reste, le premier système ne conduit-il pas! Que l'on suppose la saisie des biens du locataire effectuée le lendemain de l'expiration de la dernière année du bail : nos adversaires diront-ils que, dans ce cas, le locateur n'a aucune garantie? Cela semblerait logique, puisque les loyers qui lui sont dus se trouvent tous échus; ils ne peuvent dès lors, d'après leur théorie, être compris dans le privilége. Ce résultat, si contraire à l'esprit de la loi, est évidemment inadmissible et suffit à condamner le système de l'exclusion absolue des années échues.

(1) Ces mêmes lois, en rendant obligatoire l'enregistrement des baux sous seing privé, ont fait perdre à la question qui nous occupe la plus grande partie de son importance.

Ajoutons enfin que les doctrines que nous repoussons ont pour effet nécessaire de diminuer le crédit du locataire, et de le livrer aux rigueurs et aux exigences du propriétaire. Celui-ci, en effet, inquiet pour son droit, se montrera peu disposé à accorder des délais au preneur, et ne manquera pas de réclamer à chaque terme échu le paiement immédiat de ses loyers ou fermages.

D'après ce qui précède, il est facile de comprendre l'intérêt qu'il y a à savoir si le bail a ou n'a pas date certaine. Cette question ne pourra soulever le plus souvent aucune difficulté. Il y a cependant un cas où il pourrait y avoir doute sur la véritable nature du bail : c'est dans l'hypothèse où, à l'expiration d'un bail constaté par un acte authentique ou sous seing privé avec date certaine, le preneur a, du consentement du bailleur, conservé la jouissance de l'immeuble loué. Il s'opère alors une tacite reconduction, et l'on peut se demander si, quant à l'exercice du privilége du locateur, il faudra appliquer à cette espèce les mêmes principes qu'aux baux authentiques.

M. Troplong (1) l'a pensé, par le motif que les considérations qui ont fait restreindre le privilége, en cas de bail sans date certaine, ne se rencontrent plus ici. Aucune collusion, dit-il, n'est à craindre entre le locateur et le locataire : le prix, d'une part, étant fixé par le bail authentique qui a pris fin ; la durée de la tacite reconduction étant, d'autre part, déterminée par l'usage des lieux ou par les nécessités de l'exploitation (art. 1738, 1759, 1776 C. civ.).

Cette théorie nous semble inadmissible, et nous croyons que c'est avec raison que la jurisprudence (2) ne voit dans la tacite reconduction qu'un bail sans date certaine. Les motifs allégués par M. Troplong peuvent être excellents en législation, pour faire consacrer, au point de vue qui nous occupe, l'assimilation entre le bail résultant de la tacite reconduction et le bail authentique ; mais ils ne nous paraissent nullement décisifs dans l'état actuel

(1) Troplong, Des Priv., n° 157.
(2) Bordeaux, 12 janvier 1825. — Sir., 1826, 2, 179.

de nos lois. La tacite reconduction ne renouvelle, du reste, l'ancien bail que pour certaines clauses, et pas pour toutes. Elle constitue un nouveau bail, nous dit l'art. 1738, et ses effets sont réglés par les principes relatifs aux locations sans écrit. Elle ne peut donc, suivant nous, procurer au locateur que les droits attachés aux baux sans date certaine, c'est-à-dire que le privilége ne pourra garantir le paiement de tous les termes à échoir.

CHAPITRE IV.

DU DROIT DE RELOCATION ACCORDÉ AUX AUTRES CRÉANCIERS DU LOCATAIRE.

Lorsque le locateur, muni d'un bail authentique ou sous seing privé avec date certaine, a obtenu une collocation qui comprend les termes à échoir, le Code, dans le but d'atténuer autant que possible le préjudice que cause aux autres créanciers du locataire l'exercice du privilége, accorde à ceux-ci le droit de relouer à leur profit la maison ou la ferme pour le restant du bail. Ceci est une dérogation au droit commun; mais elle est profondément équitable, et on ne saurait adresser au législateur le reproche d'avoir laissé aux autres créanciers la compensation du bénéfice qu'ils pourront retirer de la sous-location, alors qu'il donnait au locateur le droit si exorbitant de se faire payer dès à présent des loyers qui ne lui seront peut-être jamais dus. Aussi, quoique l'art. 2102 semble n'avoir attribué cette faculté aux créanciers qu'au cas où le bail a date certaine, nous n'hésitons pas à généraliser cette faveur, et à l'étendre également aux baux sans date certaine, pour les termes non échus que comprend le privilége. Nous sommes en présence d'une situation identique, et les considérations d'équité qui ont fait donner ce droit aux créanciers lorsque le bail est authentique nous conduisent à suppléer ici au silence de la loi.

La faculté de sous-louer appartient aux créanciers alors même

que le contrat porte défense de sous-louer ou de céder le bail.
En vain dirait-on qu'aux termes de l'art. 1717 cette prohibition
est une clause de rigueur qui doit être respectée par le locataire, et par conséquent par ses créanciers, puisque ceux-ci ne
sauraient avoir un droit plus étendu que le sien. Mais, s'il est
vrai qu'en principe les créanciers n'ont d'autres droits que ceux
de leur débiteur, la loi quelquefois, par exception, les investit
d'un droit qui leur est propre. Or c'est précisément ce qui a lieu
dans notre espèce. S'ils peuvent sous-louer, ce n'est pas parce
que leur débiteur le pouvait, c'est parce que le législateur leur
a réservé expressément cette faculté. Prêter un autre sens à la
disposition de l'art. 2102, c'est lui enlever toute son utilité,
puisque le droit de sous-location, quand le bail ne l'interdit pas,
appartient déjà aux créanciers du preneur, en vertu de la règle
générale posée dans l'art. 1166. Ce n'est pas à dire toutefois
que les clauses prohibitives du contrat seront absolument sans
effet vis-à-vis des autres créanciers du locataire. Il y a en effet,
à un certain point de vue, un grand intérêt à savoir si le contrat porte, ou non, défense de sous-louer ou de céder le bail.
Dans le premier cas, le locateur a une option à exercer : il
peut, à son choix, ou se faire payer les loyers et fermages à
échoir, en laissant aux autres créanciers le profit du bail qu'il
leur est permis de consentir; ou reprendre sa maison ou sa
ferme, en renonçant aux loyers et fermages à échoir (1). Si le
bailleur s'en est ainsi tenu aux termes échus, les autres créanciers ne pourraient relouer la maison ou la ferme pour le
temps qui restait à courir du bail, alors même que le locateur
aurait exercé son privilège à raison de ces termes échus. La prétention contraire a cependant été élevée dans la pratique, mais
elle a été justement repoussée par la cour de cassation, par le
motif que l'on ne se trouve plus dans l'hypothèse prévue par
l'art. 2102 (2).

Dans le second cas, au contraire, c'est-à-dire si le bail ne con-

---

(1) Pont, *Des Priv.*, nᵒ 128.
(2) Cass. 30 janv. 1827.

tient aucune clause prohibitive, le locateur n'a plus cette alternative. En vain offrirait-il de faire l'abandon des loyers et fermages à venir, les créanciers, sans tenir compte de cette proposition, pourraient, en s'armant de l'art. 1166, désintéresser le
propriétaire et relouer l'immeuble pour le restant du bail, si la
modicité du prix de la location primitive leur donne l'espoir de
sous-louer à des conditions plus avantageuses.

Lorsque les meubles du preneur, saisis et vendus, n'ont pas
produit une somme suffisante pour acquitter dans son intégra-
lité la créance du bailleur, les créanciers ne peuvent, aux termes
de l'art. 2102, user du droit de relocation qui leur est concédé
par la loi « qu'à *la charge de payer au propriétaire tout ce qui lui
serait encore dû.* » Par ces mots il faudrait comprendre non-
seulement les termes échus et à échoir qui n'auraient pas été
payés, mais encore toutes les différentes créances que le locateur pourrait avoir contre le locataire, et qui se trouveraient garanties par le privilége.

Les expressions de la loi ont donné lieu, toutefois, à une question délicate : Les créanciers ne peuvent-ils relouer la maison ou
la ferme, pour le restant du bail, qu'à la condition de verser
immédiatement entre les mains du bailleur toutes les sommes
qui peuvent lui être dues en raison des loyers ou fermages à
échoir, ou bien ont-ils la faculté d'attendre les échéances successives pour effectuer ce paiement ? On enseigne généralement
que les créanciers ne doivent pas faire l'avance des loyers futurs,
et qu'il suffit qu'ils procurent au propriétaire un nouveau locataire, avec engagement personnel de leur part d'acquitter les
loyers et fermages au fur et à mesure des échéances. La loi,
dit-on, en obligeant les créanciers à désintéresser le locateur, ne
fixe pas l'époque du paiement ; le bailleur, du reste, ne peut se
plaindre, puisqu'on lui fournit un nouveau locataire dont le
mobilier lui donne une sécurité complète pour l'avenir (1).

Nous ne saurions partager cette opinion, et nous croyons avec
la jurisprudence que la solution contraire, quoique rigoureuse

(1) Duranton, t. XIX, 91. — Mourlon, n° 95. — Pont, n° 129.

pour les créanciers, est plus conforme à la volonté du législateur. Le Code a voulu placer le bailleur dans la situation où il se fût trouvé si la valeur du mobilier eût été suffisante pour le désintéresser intégralement, cas auquel il aurait pu, sans nul doute, se faire payer immédiatement tous les loyers à échoir. Cela résulte nettement des termes de l'art. 2102, qui expriment l'idée d'un règlement complet et définitif comme condition préalable du droit de relocation. Les expressions « *tout* ce qui lui est *encore* dû » ne prouvent-elles pas qu'il s'agit d'un paiement immédiat destiné à parfaire la somme qui n'a pas été atteinte par la vente des meubles? Ajoutons enfin que, dans le système que nous repoussons, le locateur éprouverait de grandes difficultés pour toucher ses loyers, puisqu'il aurait pour débiteurs tous les créanciers du locataire, entre lesquels la dette se diviserait dans la proportion de leur intérêt (1).

Notre système trouve cependant un tempérament dans la faculté que nous accordons aux créanciers de limiter, dans son exercice, leur droit de relocation, en le restreignant aux années à échoir, dont le prix du mobilier aurait procuré le paiement à l'avance, s'ils trouvaient trop onéreuse une relocation à faire pour tout le temps que le bail doit encore courir. Supposons, par exemple, que, sur sept années qui restaient à échoir, quatre seulement ont été payées par la vente du mobilier : les créanciers, suivant nous, pourront limiter leur droit de relocation à ces quatre années acquittées, sans être contraints de désintéresser complétement le bailleur, et de relouer alors pour les sept ans. Cette solution n'est pas toutefois admise par tous les auteurs. MM. Duranton et Valette ont contesté aux créanciers ce pouvoir de scinder en quelque sorte le bail. Le texte de l'art. 2102, disent-ils, est formel : ce n'est qu'au *restant du bail*, c'est-à-dire qu'à tout ce qui reste à échoir, que la loi applique le droit de relocation.

Cette doctrine est repoussée, avec raison suivant nous, par la cour de cassation et la majorité des auteurs. Le Code ne dit pas,

(1) Aubry et Rau, t. III, p. 115.

en effet, que les créanciers *ne* pourront relouer *que* pour le restant du bail : il énonce simplement une faculté. Les créanciers peuvent aller jusque-là, s'ils le jugent convenable; mais le texte n'exprime en aucune manière l'idée qu'ils doivent y aller nécessairement. C'est une faveur que la loi leur accorde, en compensation du préjudice que leur cause le privilège exorbitant du bailleur, dont la créance les prime. Il est donc raisonnable de laisser toute latitude à l'exercice de cette faculté et de permettre à ceux auxquels elle appartient de n'en user qu'en partie, lorsque leur intérêt le leur commande.

On objecte qu'on ne peut ainsi scinder le bail; que ce serait causer un trop grave dommage au propriétaire, qui a dû compter sur la durée stipulée en son contrat. Mais n'est-ce pas là un résultat inévitable? Quoi qu'il arrive, le bail sera toujours scindé. Quand bien même on refuserait aux créanciers le droit de sous-louer pour les années acquittées, le bail ne recevrait pas toujours sa complète et entière exécution quant aux années qui n'ont pu être payées sur la vente du mobilier. Le débat, comme le fait remarquer très-justement Mourlon, se trouve ramené à cette question : Que fera-t-on des lieux loués pendant les années acquittées? le bailleur pourra-t-il en reprendre la jouissance? Ce serait laisser au propriétaire pendant ce nombre d'années la chose et le prix, ce qui est l'iniquité contre laquelle a été imaginé le droit de relocation. Permettra-t-on au débiteur de les occuper pendant ce temps? Ce serait le préférer à ses créanciers. Faudra-t-il admettre qu'ils devront rester inoccupés? Ce serait le comble de la déraison.

Il n'y a donc, suivant nous, qu'une solution possible : c'est d'autoriser les créanciers à restreindre leur droit aux termes dont le propriétaire a été payé. N'oublions pas, au surplus, que cette faculté a son fondement essentiel dans l'équité, et qu'elle ne cesse point d'être juste parce qu'elle n'est exercée qu'en partie (1).

(1) Pont, n° 129. — Mourlon, n° 96. — Aubry et Rau, p. 116.

CHAPITRE V.

DU DROIT DE REVENDICATION.

Nous n'avons étudié jusqu'ici que le droit de préférence conféré au bailleur par son privilége. Nous devons maintenant parler d'une autre faveur que la loi, dans sa sollicitude pour ses intérêts, a cru devoir lui accorder, en faisant fléchir à son profit le principe que les meubles n'ont pas de suite par privilége ou hypothèque. D'après le droit commun, le privilége qui porte sur un objet mobilier n'existe qu'autant que la chose qui en est grevée est possédée par le débiteur. Dès qu'elle est sortie de son patrimoine, le privilége s'évanouit, le créancier ne pouvant la suivre entre les mains des tiers détenteurs, qui se trouvent à l'abri de toute atteinte, en vertu de la règle qu'en fait de meubles possession vaut titre. Mais la situation du locateur eût été fort précaire ; il eût été complétement à la merci du preneur, si ces principes avaient reçu à son égard 'leur rigoureuse application. Il eût été bien facile au locataire de rendre presque illusoire un privilége fondé sur l'idée de nantissement, en faisant disparaître des lieux loués les meubles qui les garnissent. Aussi est-ce pour prévenir ce danger que le Code, se conformant à la pratique de notre ancien droit, décide que le propriétaire peut saisir les meubles qui garnissent sa maison ou sa ferme, lorsqu'ils ont été déplacés sans son consentement , et qu'il conserve sur eux son privilége, pourvu qu'il ait fait la revendication, savoir : lorsqu'il s'agit du mobilier qui garnissait une ferme , dans le délai de quarante jours, et dans celui de quinzaine s'il s'agit de meubles garnissant une maison. Le législateur a considéré cet enlèvement des meubles, sans le consentement du locateur, comme un vol de son droit de gage ; et de même que le propriétaire d'un objet volé peut le reprendre en quelques mains qu'il soit (art. 2279), de même le bailleur est autorisé, sinon à revendiquer la propriété des meubles de son locataire, au moins à obtenir qu'ils reviennent en la possession de son débiteur, afin qu'il puisse exercer sur eux son droit de préférence.

La revendication est donnée au bailleur, que son bail ait ou n'ait pas date certaine. Elle pourrait être opposée même aux acquéreurs de bonne foi. Telle était déjà la solution admise dans notre ancienne jurisprudence. Rien n'indique que le Code y ait dérogé, puisqu'il accorde la revendication en termes généraux, sans distinguer si le possesseur actuel est de bonne ou de mauvaise foi. Objectera-t-on que le locateur se trouvera alors dans une situation plus favorable que celle du propriétaire d'un meuble, puisqu'aux termes de l'art. 2279 celui-ci ne peut pas, dans tous les cas, revendiquer sa chose entre les mains d'un tiers de bonne foi? La réponse est bien facile, et Joly, sur l'art. 170 de la coutume de Paris, nous la fournit dans cette idée qui nous a servi à justifier ce droit de suite, à savoir, que le locataire, en déplaçant, à l'insu du bailleur, les meubles qui garnissent les lieux loués, « *commet en quelque sorte un larcin.* » C'est donc au propriétaire d'un objet volé, usant des droits que lui confère l'art. 2279, qu'il faudra assimiler le locateur. L'analogie qui existe entre ces deux situations nous conduit logiquement à décider que si les meubles détournés ont été achetés dans une foire, ou dans un marché, ou dans une vente publique, ou d'un marchand vendant des choses pareilles, le bailleur ne peut exercer la revendication qu'à la condition de rembourser au détenteur actuel de ces meubles le prix qu'ils lui auraient coûté (art. 2280). De même, si le locataire avait déposé dans un mont-de-piété quelques-uns des objets qui garnissaient la maison, le bailleur, pour user de son droit de revendication, devrait payer la somme pour laquelle ils ont été mis en gage. C'est, en effet, à cette condition seulement que pourrait être recevable l'action du véritable propriétaire, dont les meubles volés ou perdus auraient été ainsi engagés. En un mot, pour résumer tout ce qui précède, la position du locataire, en faisant abstraction de la différence relative à la durée de l'action, ne saurait être ni meilleure ni pire que celle de ce propriétaire.

Cette règle va nous servir à trancher le conflit qui peut s'élever entre deux bailleurs, quand, à l'expiration du bail, le locataire d'une maison, à l'insu du locateur envers qui il est redevable des loyers, a transporté ses meubles dans une autre maison qu'il a prise à loyer. Le locateur dénanti peut-il revendiquer les meubles qui garnissent le nouveau domicile de son débiteur? Ce qui peut faire naître le doute, c'est que, si, d'une part, l'art. 2102 donne indistinctement au propriétaire la faculté de saisir le mobilier qui a été enlevé sans son consentement, le second locateur, d'autre part, aux termes du même article, a un privilége sur tout ce qui garnit actuellement sa maison. Nous n'hésitons pas, néanmoins, à permettre, dans cette hypothèse, l'exercice de la revendication. Le déplacement des meubles, opéré contre le gré du bailleur, constitue, comme nous l'avons déjà dit, une sorte de vol du droit de gage, et c'est assez pour faire obstacle à l'établissement d'un droit nouveau, tant que l'on se trouve dans les délais de la revendication. C'est comme si le preneur avait apporté chez le second bailleur des meubles volés, sur lesquels le privilége ne pouvait s'établir au préjudice du véritable propriétaire (1).

Quant aux conditions auxquelles est subordonné le droit de suite, l'art. 2102 nous les fait connaître. Il faut d'abord que le locateur n'ait pas consenti au déplacement des meubles qui garnissaient sa maison ou sa ferme; que ce consentement soit exprès ou tacite, peu importe. Il doit même s'induire de toute circonstance dénotant chez lui la pensée de renoncer à voir dans l'objet déplacé le gage de sa créance. Si, par exemple, il a assisté à l'enlèvement des meubles sans s'y opposer, toute réclamation ultérieure lui sera interdite. Il faudra donner également la même solution s'il a consenti le bail à une personne dont la profession, le commerce ou l'industrie rendaient nécessaire et inévitable l'aliénation de certains objets mobiliers : telles seraient les marchandises que le locataire avait dans les magasins loués. Le bailleur ne peut se plaindre, car il ne peut ignorer que, par leur nature même, ces choses sont destinées à être vendues, et,

(1) Telle était, dans notre ancien droit, l'opinion de Pothier (*Du Louage*, n° 262).

si son gage diminue, c'est par suite de faits aux conséquences desquels il s'est volontairement soumis. Au surplus, sur cette question de consentement tacite, il n'est guère possible de poser des règles absolues; c'est aux tribunaux à apprécier, d'après les circonstances, s'il doit être présumé.

La seconde condition exigée pour que la revendication soit admissible, c'est qu'elle soit exercée dans les délais déterminés par l'art. 2102. Ces délais sont beaucoup plus courts que ceux accordés par l'art. 2279 à la personne qui a été victime d'un vol, ce qui peut s'expliquer par cette considération que, le bailleur ayant un privilège qui porte sur une masse assez considérable de meubles, il est assez naturel de supposer que, s'il n'exerce pas immédiatement son action en revendication, c'est qu'il trouve, dans les choses qui restent encore dans les lieux loués, une garantie suffisante. Ajoutons que si un laps de temps considérable s'était écoulé, l'identité des objets détournés serait assez difficilement constatée. Aussi le délai pendant lequel le bailleur peut intenter la revendication est-il restreint à quinze jours lorsqu'il s'agit de meubles garnissant une maison, à quarante jours pour ceux qui garnissent une ferme. La raison de cette différence se conçoit aisément : les fermes étant, en général, isolées et éloignées de la demeure du locateur, celui-ci peut moins facilement exercer sur elles sa surveillance que sur les biens situés à la ville, et il sera moins promptement averti de l'enlèvement clandestin des meubles que le propriétaire d'une maison louée.

Le point de départ du délai de quinze ou de quarante jours est déterminé par la date du déplacement des objets mobiliers, et non par la date du jour où le bailleur a eu connaissance de cette circonstance. MM. Aubry et Rau, cependant, apportent une exception à cette proposition (1). Si, disent-ils, le détournement a été opéré à l'aide de moyens frauduleux, si par exemple l'on a corrompu le portier ou le surveillant pour obtenir son silence ou même son concours, il y aurait là une fraude qui devrait nous autoriser à reporter le commencement du délai de la re-

(1) Aubry et Rau, t. III, p. 149, note 41.

vendication seulement au jour où le bailleur aurait été informé de ces faits.

La généralité des termes de l'art. 2102 condamne cette opinion, qui a le défaut d'introduire dans la loi une distinction qui n'y figure pas. Il semble même, à s'en tenir aux expressions de l'art. 2102, que le concert frauduleux dont parlent MM. Aubry et Rau n'est pas complétement étranger à ses prévisions. Il ne faut pas oublier, en outre, que nous sommes en présence d'une dérogation au droit commun. Le privilége du locateur, reposant sur le nantissement, devrait être rigoureusement perdu du moment où les objets qu'il frappe sont sortis des immeubles loués. Par une faveur exceptionnelle, le législateur a donné au bailleur un droit de suite, mais l'exercice de ce droit doit être restreint dans les limites que nous indique le texte de la loi ; et il nous paraît que c'est étendre singulièrement la portée de l'exception que de permettre au locateur d'user de la revendication pendant trente ans (1), lorsqu'il y aura une fraude pratiquée pour empêcher l'enlèvement des meubles d'arriver à sa connaissance. C'est à celui-ci à surveiller son locataire s'il n'a pas en lui une bien grande confiance, et s'il le fait avec soin, il pourra se mettre à l'abri de tout danger.

Après avoir ainsi déterminé les conditions auxquelles la revendication est subordonnée, nous avons à rechercher quelle est l'étendue de ce droit, quelles sont les choses auxquelles il s'applique.

La revendication n'étant que le complément et la sanction du privilége, elle doit pouvoir être intentée, croyons-nous, relativement à tous les objets qui en sont grevés. Aussi ne suivrons-nous point la théorie de certains auteurs qui admettent que, lorsque les meubles laissés dans la maison ou la ferme sont suffisants pour assurer le paiement des loyers ou fermages, le bailleur ne peut revendiquer ceux qui ont été enlevés sans son consentement exprès ou tacite. Il ne faut pas, disent ces auteurs,

(1) Mourlon, *Répétitions écrites sur le troisième examen du code Napoléon*, p. 518.

exagérer le droit du bailleur et lui permettre de faire, d'un privilége uniquement destiné à garantir ses intérêts légitimes, un instrument de tracasseries et de vexations contre le locataire. L'intention du législateur n'a pas été de paralyser d'une manière absolue le droit de disposition du preneur, mais de l'empêcher de porter atteinte à la garantie du bailleur, en dégarnissant les lieux loués de tout ce qui s'y trouve. La protection accordée au propriétaire manquerait de cause si elle était plus étendue que le besoin qui la rend légitime. La loi ne pouvait tomber dans cette inconséquence ; aussi voyons-nous que, dans l'article 1752, préoccupée de l'idée de veiller aux intérêts du bailleur, sans trop gêner le preneur, elle n'impose à celui-ci que l'obligation de garnir les lieux loués de meubles *suffisants* (1).

Ces arguments, quoique séduisants, ne nous ont pas convaincu. Il faut voir dans la loi ce qui s'y trouve réellement. Or que nous dit-elle ? C'est que tous les objets qui entrent dans la maison pour la garnir sont, par cela même, frappés du privilége. Si donc le privilége porte sur tout, comment sera-t-il possible d'y soustraire quelque chose sans l'aveu du locateur ? Une fois constitué, le privilége devient un droit acquis auquel personne ne peut toucher sans le consentement exprès ou tacite du créancier qui en est nanti. Sans doute l'art. 1752 ne permettait au propriétaire d'exiger qu'un gage suffisant pour garantir pleinement et avec une entière sécurité le paiement de ses loyers. Mais si, volontairement, le preneur a apporté plus de meubles qu'il n'en fallait pour assurer la complète exécution de ses obligations, cette circonstance n'empêchera pas que ce qui entre en excédant dans la maison ne soit grevé du privilége. Lorsqu'un débiteur a fourni à son créancier des sûretés exagérées, voyons-nous la loi lui permettre d'en reprendre une partie, sous prétexte que celles qu'il offre de laisser au créancier le couvriront suffisamment ? La prétention du locataire ne pourrait être accueillie que si la loi avait organisé ici un droit de réduction, analogue à celui qu'elle a établi, dans l'art. 2161, pour les hypothèques gé-

(1) Aubry et Rau, t. III, p. 149.

nérales. Mais elle ne l'a pas fait, et dès lors on ne saurait refuser au bailleur l'exercice de la revendication , dont le but est d'assurer, contre les actes par lesquels le locataire tenterait de l'amoindrir, la conservation du privilége acquis

Comment savoir, d'ailleurs, en cas de déplacement d'une partie du mobilier, si la portion qui reste est suffisante pour garantir non seulement le paiement des loyers, mais encore l'exécution de toutes les obligations qui peuvent résulter du bail? Les intérêts des deux parties sont trop directement engagés au débat pour que celles-ci puissent trancher la difficulté avec une entière impartialité. De là donc, dans le système que nous combattons, une source d'altercations incessantes, qu'il faudrait à chaque fo's vider en justice, au moyen d'expertises et d'estimations coûteuses. La loi n'a pu consacrer un tel état de choses, et nous préférons croire que , confiante en la prudence et la sagesse du bailleur, elle a entendu le laisser seul juge de la légitimité de son action.

Des abus pourront se produire, nous l'avouons; mais ils n'ont point l'importance qui leur a été attribuée par les partisans du système contraire. De ce que nous reconnaissons au locateur un droit aussi absolu, il n'en résulte nullement que nous ayons l'intention d'en tirer cette conséquence ridicule, que les marchandises garnissant les magasins , ou les vieilles bêtes du cheptel employé 'à l'exploitation de la ferme, ne pourront être vendues que sous le bon plaisir et avec la permission du bailleur. Notre système ne s'applique qu'aux déplacements qui, par leur nature, ne font point supposer un acquiescement tacite du propriétaire. Mais, toutes les fois que son consentement pourra être induit des circonstances, l'enlèvement des objets qui garnissent les lieux loués devient légitime, et la revendication ne pourra être exercée (1).

Du principe que la revendication est recevable à l'égard de toutes les choses soumises au privilége, nous pouvons également

<hr>

(1) Mourlon, *Examen critique du commentaire de Troplong sur les priviléges*, nº 101. — Pont, *Des Priv.*, nº 132.

tirer cette conséquence que les fruits déposés dans la ferme pourront en être l'objet. Observons d'abord, pour bien préciser la question, qu'il ne peut s'agir ici du cas où les fruits ont été vendus par le fermier à un acquéreur de bonne foi. Il n'est pas douteux que, dans cette hypothèse, le droit de suite ne saurait être admis en faveur du locateur, qui est censé avoir consenti d'avance à l'aliénation. Mais les fruits peuvent sortir de la ferme autrement que par l'effet d'une vente, et de ce que la revendication ne peut être exercée dans l'hypothèse de vente, il ne s'ensuit pas qu'elle ne puisse l'être également dans tous les autres cas de déplacement. L'art. 2102 nous dit en effet que le bailleur d'une ferme peut revendiquer *le mobilier qui garnissait la ferme.* Or, d'après l'art. 535, le sens légal de l'expression « mobilier » embrasse toute espèce de meubles, et par conséquent les fruits. S'il en était autrement, il suffirait donc au fermier de transporter tous ses fruits dans les bâtiments d'un tiers pour les soustraire à l'action du propriétaire. Un tel résultat est évidemment inadmissible.

Objectera-t-on que la signification des mots *meubles* ou *mobilier* se trouve limitée, par l'art. 2102, aux meubles meublants? Ce serait donner à l'expression « garnir » un sens restreint qu'elle n'a pas. Le bail d'une ferme peut comprendre non-seulement une maison d'habitation, mais encore des bâtiments d'exploitation, des celliers, greniers, fenils, etc. Or les greniers et les fenils, par exemple, ne se garnissent pas de meubles meublants; ils ne sont garnis, suivant leur destination naturelle, que par des grains et des foins, qui sont meubles et font partie du mobilier (1).

Quelle que soit l'étendue du droit de revendication, le bailleur ne pourrait cependant en user, alors même qu'il serait dans les délais fixés par l'art. 2102, lorsque l'enlèvement des objets qui constituaient son gage a eu lieu à la suite d'une saisie pratiquée par l'un des créanciers du preneur. Aux termes de l'art. 609 du Code de procédure, il n'aurait, dans cette hypo-

(1) Pont, *Des Priv.*, n° 132. — Favard, v° *saisie-gagerie.*

thèse, que la ressource de faire opposition sur le prix de vente
des choses saisies, afin de s'y faire colloquer à son rang. Une
restriction toutefois a été apportée à cette théorie par la cour de
Poitiers. Dans un arrêt du 17 février 1834 (1), elle a accordé au
propriétaire le droit d'exercer la revendication dans une espèce
où, à la suite de la saisie, certaines choses avaient été déplacées
d'une ferme. Cette solution est fondée sur la considération que
l'art. 609 C. pr. peut se concilier facilement avec les art. 2102
C. civ. et 819 C. pr., attendu que cet article 609 ne vise que
le cas où les meubles saisis n'ont pas été enlevés des lieux
loués.

Nous n'admettons pas cette distinction, qui nous paraît contraire, d'une part, aux termes formels de l'art. 609, et, d'autre
part, au but que le législateur s'est proposé dans cet article. Il a
voulu simplifier, dans l'intérêt de tous, la procédure faite pour
parvenir à la vente, et empêcher que celle-ci ne soit retardée
par la présence ou la survenance de nouveaux créanciers. Le
bailleur est mis sur la même ligne que les autres créanciers, et,
par suite, il ne saurait avoir, dans aucun cas, un droit plus
étendu que ces derniers. Il ne peut donc faire obstacle ni à la
saisie ni à la vente. Ses intérêts seront, du reste, complétement
sauvegardés par l'opposition qu'il peut faire, et, quand viendra
le moment de la distribution du prix, il fera valoir, pour
primer les autres créanciers, le privilège que lui accorde
l'art. 2102.

CHAPITRE VI.

DU RANG QUI APPARTIENT AU PRIVILÉGE DU BAILLEUR.

L'étude d'un privilège n'est pas achevée lorsque l'on s'est
borné à faire connaître sa nature, son objet, son étendue. Pour
le caractériser d'une façon complète, il reste encore à déter-

(1) Dalloz, *Rép.*, v° *privilège*, n° 291.

miner son rang. L'idée de privilége implique, en effet, nécessairement avec elle, la présence de plusieurs créanciers, qui
viennent exercer leurs droits sur les biens du débiteur commun ; et si les sûretés dont sont armées ces diverses personnes
sont de même espèce, la question se pose immédiatement de
savoir quels sont les principes qui doivent s'appliquer au règlement de ces intérêts rivaux. Aussi une bonne législation, après
avoir énuméré les diverses créances privilégiées, devrait-elle
indiquer l'ordre dans lequel elles doivent être classées, dans les
distributions où elles viennent en concours. C'est ce que notre
Code n'a pas fait, et, sauf quelques classements particuliers, il
s'est contenté de poser dans l'art. 2096 une règle générale, laissant à peu près toute la question dans le domaine de l'appréciation. Faut-il louer le législateur de cette réserve? Certains
auteurs l'ont pensé ; tel n'est point notre avis, et nous croyons,
au contraire, qu'abandonner ainsi à l'interprétation le soin de
déterminer l'ordre dans lequel s'exercent respectivement les
différents priviléges, c'est compromettre les intérêts des créanciers, en les livrant à l'arbitraire des opinions du jurisconsulte
ou du magistrat. Nous n'avons pas ici à examiner toutes les
difficultés que peut faire naître le silence de la loi; la seule
chose qu'il nous faille rechercher, c'est le rang qui doit appartenir au privilége du bailleur dans les différentes hypothèses qui
peuvent se présenter.

SECTION I.

CONCOURS DU PRIVILÉGE DU BAILLEUR AVEC LES PRIVILÉGES GÉNÉRAUX DE L'ARTICLE 2101.

Le locateur pourra souvent se trouver en présence de différents créanciers auxquels l'art. 2101 a accordé un privilége
sur tous les meubles du débiteur.
Cela nous conduit, dès lors, à étudier la question si controversée du classement des priviléges généraux en concours avec
les priviléges spéciaux sur les meubles.

Nous ne pouvons cependant faire connaître ici les différents systèmes qui ont été présentés à cette occasion, leur exposition et leur réfutation devant nous entraîner beaucoup trop loin. Nous nous bornerons à rechercher quelle est la place qui doit être attribuée au locateur dans cette hypothèse.

Le système que nous adoptons à cet égard peut ainsi se formuler : le privilége du bailleur sera primé par certains frais de justice, mais il devra passer avant certains autres ; il sera, en outre, préféré à tous les autres priviléges de l'art. 2101.

Notre première proposition est facile à justifier. Tous les auteurs s'accordent en effet à reconnaître qu'en règle générale les frais de justice doivent obtenir le premier rang dans l'ordre des priviléges. Ils ont conservé et utilisé le gage commun de la masse des créanciers. Aucun d'eux ne peut donc se plaindre de voir diminuer la somme à distribuer, du montant des frais, sans lesquels la distribution n'aurait pas eu lieu. « La cause la plus » privilégiée, disait Pothier, est celle des frais de justice, car ils » sont faits pour la cause commune de tous les créanciers. » La prééminence de ce privilége sur les autres n'est absolue toutefois que si les frais de justice ont profité à tous les créanciers ; dans le cas contraire, ils ne sont privilégiés que par rapport à ceux auxquels ils ont été utiles. L'art. 662 du Code de procédure nous présente une application de cette règle, lorsque, comparant deux créances, celle du propriétaire pour ses loyers et celle relative aux frais de poursuite, il fait passer la première avant la seconde. S'il en est ainsi, c'est que, le bailleur pouvant, aux termes de l'art. 661 du même Code, faire appeler la partie saisie et l'avoué le plus ancien en référé devant le juge commissaire pour faire statuer préliminairement sur son privilége, il est vrai de dire que les frais faits pour opérer la distribution entre les autres créanciers ne lui ont été d'aucune utilité. C'est en vertu des mêmes principes que nous admettons que le privilége du locateur primera, le plus souvent, les frais de scellés et d'inventaire (1). Le propriétaire peut s'assurer le remboursement de sa

(1) Lyon, 27 mars 1821 ; 14 déc. 1845 et 7 avril 1841.

créance au moyen d'une procédure spéciale (art. 819 et 820 C. proc.); on peut donc prétendre que, dans cette situation, les frais de scellés et d'inventaire ne lui profiteront pas dans la plupart des cas. Telle était déjà la pratique du Châtelet de Paris, ainsi que l'atteste un acte de notoriété du 4 août 1692. Ce n'est pas à dire cependant que l'ordre inverse ne devra jamais être suivi. S'il était établi par les circonstances que l'opposition des scellés a été utile au bailleur, il n'est pas douteux que les frais qu'elle a occasionnés devraient être préférés à la créance du propriétaire (1).

Ainsi, il sera toujours facile de trancher le conflit qui pourra s'élever entre le privilége des frais de justice et celui du locateur; la règle, en cette matière, est celle-ci : Le propriétaire ne touchera ses loyers qu'après le prélèvement de frais qui auront été faits dans son intérêt comme dans celui des autres créanciers ; mais il devra passer avant les créances des frais des procédures qui ne lui ont été d'aucune utilité.

La question du concours du privilége du locateur avec les autres priviléges de l'art. 2101 présente, au contraire, des difficultés sérieuses. Le premier rang, avons-nous dit, doit toujours appartenir au bailleur. Cette solution, croyons-nous, est essentiellement conforme aux principes généraux de notre législation. C'est ce que nous allons essayer d'établir sommairement. Le locateur a un privilége qui repose sur un nantissement tacite ; il doit donc être considéré comme possédant, en quelque sorte, les choses qui lui sont engagées. Or, nous le savons, le droit de propriété lui même reste impuissant en présence d'un privilége appuyé sur la possession et la bonne foi du possesseur. Les meubles garnissant la maison, bien qu'ils appartiennent à des tiers, n'en sont pas moins affectés à la garantie du propriétaire, si celui-ci n'a pas eu connaissance de cette circonstance. S'il en est ainsi, si le droit le plus absolu, le plus complet qui ait jamais été organisé, le droit de propriété ne peut prévaloir contre le fait de la possession, joint à la bonne foi du possesseur, à com-

(1) Lyon, 16 janvier 1851,

bien plus forte raison en doit-il être de même de tout autre droit moins énergique que le droit de propriété, et par conséquent de tout privilége, de quelque nature qu'il soit. Aussi voyons-nous le Code, dans l'art. 2073, conférer au créancier gagiste le pouvoir de se faire payer sur l'objet engagé, par préférence aux autres créanciers, sans tempérer, par aucune restriction, l'étendue du privilége dont il l'investit.

Notre doctrine se trouve confirmée par l'art. 662 du Code de procédure, que nous avons cité précédemment. Aux termes de cet article, le privilége du locateur passe avant les frais de distribution du prix provenant de la vente des effets mobiliers du locataire. Ne résulte-t-il pas nettement de cette disposition que le privilége du bailleur doit l'emporter sur les priviléges de l'art. 2101, puisqu'il l'emporte sur une créance qui prime toutes les autres, et par suite les créances munies d'un privilége général?

Nous pouvons encore tirer un argument analogue, et peut-être plus décisif, du décret du 1er germinal an XIII, décret qui, étant postérieur au Code civil, a dû naturellement être conçu dans les mêmes vues et en reproduire l'esprit. L'art. 47 de ce décret met les frais de justice et six mois de loyer au-dessus du droit de la régie des contributions indirectes, dont le privilége s'exerce cependant avant les autres priviléges de l'art. 2101. Ne voit-on pas là, comme dans le Code de procédure, la preuve la plus concluante de la priorité de rang qui, dans notre législation, doit être accordée au locateur lorsqu'il se trouve en présence d'un créancier armé d'un privilége général!

Ajoutons enfin que notre théorie est conforme aux traditions historiques. Pothier, dans notre ancien droit, n'hésitait point à donner la préférence aux priviléges spéciaux sur les priviléges généraux. Il ne faisait d'exception qu'en faveur des frais de justice et des frais funéraires de premier ordre. Tel est également notre système, sauf l'exception relative aux frais funéraires que nous nous refusons à admettre sous l'empire du Code.

Mais, pourra-t-on nous objecter, les priviléges compris dans les quatre derniers numéros de l'art. 2101 sont tous fondés sur des

considérations d'humanité ; quoi de plus naturel, dès lors, que
de leur donner le pas sur des priviléges qui n'ont pour objet
que l'intérêt particulier des créanciers ! La preuve qu'ils sont
plus favorables que ceux de l'art. 2102 ne résulte-t-elle pas de
la façon la plus évidente de ce fait que, tandis que la loi établit
les uns sur tous les biens du débiteur, elle restreint les autres à
certains effets mobiliers ?

Cette objection a une force plus apparente que réelle. Est-il
possible d'affirmer que le législateur ait voulu faire passer des
considérations d'humanité avant l'intérêt du crédit ? Rien n'est
moins certain.

N'y aurait-il pas en effet quelque chose de choquant à voir la
loi briser de sa propre autorité le lien sacré des contrats, et enlever au créancier le gage qu'il a pu expressément stipuler,
pour en donner le prix à d'autres créanciers ? Ce résultat est
évidemment inadmissible. Est-il exact, du reste, en ce qui concerne le privilége du locateur, de prétendre qu'il est moins favorable que les priviléges de l'art. 2101 ? Nous croyons au contraire
qu'il n'a rien à craindre de la comparaison. Le propriétaire de
la maison louée, en procurant au débiteur une des premières
nécessités de l'existence, devait-il donc être moins protégé que
le médecin qui l'a soigné pendant sa maladie, que le marchand
qui lui a fourni les subsistances nécessaires ? La loi a si bien
compris que, dans l'intérêt même de l'humanité, il fallait placer
les locateurs à l'abri de toute atteinte et hors de tout danger,
qu'elle les a investis de certaines prérogatives qu'eux seuls
peuvent invoquer.

Elle ne leur a accordé, il est vrai, qu'un privilége spécial sur
certains meubles, tandis qu'elle armait les créanciers de l'article 2101 d'un privilége général. Est-ce à dire que, par cela
même, elle reconnaît ces derniers comme plus dignes de sa faveur ? Nullement. S'ils ont un privilége qui porte sur tous les
meubles de leur débiteur, c'est qu'il n'y avait aucune raison
pour leur affecter tel bien plutôt que tel autre. Si au contraire
le privilége du locateur est spécial, c'est qu'ayant son fondement
dans un nantissement présumé, il ne peut exister que sur les

objets dont le créancier est nanti ; s'il ne porte que sur certains meubles, c'est à raison de la spécialité même du gage, et non à raison d'une infériorité essentielle et absolue.

On insiste cependant, et l'on dit que, la loi faisant passer dans l'art. 2105 les priviléges généraux avant les priviléges spéciaux sur les immeubles, on doit en conclure, par analogie, qu'ils doivent également l'emporter sur les priviléges spéciaux mobiliers.

Nous contestons formellement l'analogie que l'on prétend trouver entre les deux situations. Le droit accordé aux priviléges généraux n'est pas le même, en tant qu'il s'exerce sur les meubles ou sur les immeubles : dans un cas il est principal, dans l'autre il est seulement subsidiaire. Or qu'arriverait-il si, sur le prix provenant de la vente d'un effet mobilier grevé d'un privilége spécial, on devait colloquer en première ligne tous les priviléges de l'art. 2101 ? Cette préférence aurait pour effet, le plus souvent, de dépouiller le créancier qui la subirait d'un droit légitime ; elle absorberait en entier, ou en grande partie, la valeur du meuble, et enlèverait ainsi à ce créancier le gage sur lequel il comptait pour assurer, de la part du débiteur, la fidèle exécution des obligations qui lui sont imposées par le contrat.

Ce danger n'existait pas, au contraire, en ce qui concerne les immeubles. Les créances garanties par un privilége général sont ordinairement très-modiques ; lorsqu'elles viennent s'exercer sur les immeubles, elles sont déjà éteintes en partie par le prix de vente du mobilier ; elles n'enlèvent, dès lors, que des sommes fort minimes, et ne causent pas un grand préjudice aux personnes qui ont un privilége spécial sur ces immeubles.

L'art. 2105 ne peut donc fournir aucun argument sérieux aux adversaires du système que nous avons adopté ; il doit être écarté de la discussion. S'il devait y être admis, loin de nous être défavorable, il pourrait nous fournir un argument *a contrario*. Le législateur, pourrions-nous dire, a classé les priviléges généraux avant les priviléges spéciaux immobiliers ; il n'a rien fait de semblable à l'égard des priviléges spéciaux mobiliers : c'est la preuve la plus manifeste qu'il n'a pas voulu donner ici la même décision.

SECTION II.

CONCOURS DU PRIVILÉGE DU LOCATEUR AVEC LES PRIVILÉGES DU TRÉSOR PUBLIC.

Des lois spéciales, auxquelles renvoie l'art. 2098 du Code civil, ont accordé au trésor public, pour le recouvrement des diverses espèces d'impôt, des priviléges qui, dans certains cas, peuvent se trouver en concours avec celui du locateur. Ce conflit doit être réglé ainsi qu'il suit.

Le privilége du bailleur obtient la première place et prime, pour la totalité des créances qu'il peut garantir, les priviléges accordés au trésor :

1° Par la loi du 5 septembre 1807, sur les meubles des comptables : « Le privilége du trésor public a lieu sur tous les biens meubles des comptables..... Ce privilége ne s'exerce néanmoins qu'après les priviléges généraux et particuliers énoncés aux art. 2101 et 2102 du Code Napoléon, art. 2 ; »

2° Par une autre loi de la même date, sur les meubles des condamnés pour frais de justice en matière criminelle, correctionnelle ou de simple police.

Il n'est préféré que pour six mois de loyer seulement aux priviléges :

1° De la régie des douanes : « La régie aura privilége et préférence à tous autres créanciers sur les meubles et effets mobiliers des redevables, pour les droits, à l'exception des frais de justice et autres privilégiés, de ce qui sera dû pour six mois du loyer seulement *(loi des 6-22 août 1791, pour l'exécution du tarif des droits d'entrée et de sortie dans les relations du royaume avec l'étranger, tit. XIII, art. 22); »*

2° De la régie des contributions indirectes : « La régie aura privilége et préférence à tous les créanciers, sur les meubles et effets mobiliers des redevables, pour les droits, à l'exception des frais de justice, de ce qui sera dû pour six mois de loyer seulement *(décret du 1er germinal an XIII concernant les droits réunis, art. 47).* » Mais le privilége du bailleur passe après ces deux derniers priviléges pour le surplus des loyers et ce qui concerne l'exécution du bail.

Enfin il est primé :

1° Par le privilége du trésor pour le recouvrement des contributions directes : « Le privilége du trésor public, pour le recouvrement des contributions directes, est réglé ainsi qu'il suit et s'exerce *avant tout autre :* 1° pour la contribution foncière de l'année échue et de l'année courante, sur les récoltes, fruits, loyers et revenus des biens immeubles sujets à la contribution ; 2° pour l'année échue et l'année courante des contributions mobilières des portes et fenêtres, des patentes et de toute autre contribution directe et personnelle, sur tous les meubles et autres effets mobiliers appartenant aux redevables, en quelque lieu qu'ils se trouvent *(loi du 12 novembre 1808 relative au privilége du trésor public pour le recouvrement des contributions directes, art. 1er) ;* »

2° Par le privilége destiné à assurer le paiement des droits et amendes en matière de timbre. La loi des finances du 28 avril 1816 a étendu aux droits de timbre et aux amendes, pour les contraventions qui y sont relatives, le privilége établi par la loi du 12 novembre 1808 pour les contributions directes. L'art. 76 porte en effet : « En cas de décès des contrevenants, lesdits droits et amendes seront dus par leurs successeurs, et jouiront, soit dans les successions, soit dans les faillites, ou tous autres cas, des priviléges des contributions directes. »

SECTION III.

CONCOURS DU PRIVILÉGE DU LOCATEUR AVEC LES PRIVILÉGES DE L'ARTICLE 2102.

Le conflit qui peut s'élever par suite du concours du privilége du locateur avec les autres priviléges spéciaux de l'art. 2102 n'a été prévu et réglé par la loi que dans trois cas. D'après le premier paragraphe de l'art. 2102, les sommes dues pour les semences ou pour les frais de la récolte de l'année doivent être payées sur le prix de la récolte, par préférence au propriétaire ; il en est de même en faveur des sommes dues pour ustensiles sur le prix de ces ustensiles (1). Le paragraphe 4 du même article dispose encore que le locateur, en concours avec le vendeur d'effets mobiliers non payés, primera le vendeur sur le prix de ces effets, pourvu toutefois qu'il n'ait pas su que les meubles n'avaient pas été payés par le locataire. Tels sont les trois cas que nous devons d'abord examiner ; nous aurons ensuite à rechercher quelles sont les règles à suivre dans les hypothèses qui ont échappé à la prévision du législateur.

§ I. *Conflit entre le bailleur et le vendeur de semences, ou ceux qui ont travaillé à la récolte.* — Le paiement des sommes dues pour les semences ou pour les frais de la récolte de l'année est garanti par un privilége. Notre article n'exprime pas cette règle, il est vrai, d'une façon formelle ; mais elle résulte de l'économie même du texte, puisqu'il y est dit que ces créances doivent passer avant celle du propriétaire sur le prix de certaines choses, spécialement grevées du privilége de ce dernier.

Ce privilége porte sur le prix de la récolte de l'année et prime celui du locateur. Cela est de toute justice, car les diverses personnes auxquelles il est accordé ont fait, en définitive, l'affaire du propriétaire : sans leurs fournitures, sans leurs services, il n'y aurait pas eu de récolte, et l'on peut dire qu'elles ont créé ou conservé le gage actuel du locateur.

Le droit de préférence appartient seulement à ceux qui, tels que les domestiques, les ouvriers et les journaliers, ont pris une part directe à l'ensemencement des terres ou à la levée des récoltes. Dès qu'il est réclamé par le créancier auquel il est dû d'après la loi, la cour de cassation a jugé que le propriétaire n'est pas fondé à le contester, sous le prétexte que le journalier,

_____

(1) Le Code a ainsi mis fin aux divergences qui existaient dans notre ancienne jurisprudence, et que nous avons signalées précédemment.

en n'exigeant pas le paiement de ses journées de travail au fur et à mesure, a suivi la foi du fermier qui l'a employé (1).

Quant à la créance privilégiée, elle est déterminée par la loi d'une manière générale. Il résulte du texte que toute somme due pour semences ou pour frais de récolte donne lieu au privilège. Doit-on cependant comprendre dans les expressions de l'art. 2102 les sommes dues pour engrais, et décider, par conséquent, que ces dernières créances seront payées par préférence au bailleur? Certains auteurs l'ont pensé (2). L'emploi des engrais, disent-ils, est exigé par les nécessités mêmes de la culture; au point de vue de la récolte, l'engrais est indispensable aussi bien que la semence elle-même. Il convient, dès lors, de les considérer comme frais de récolte, dans le sens de l'art. 2102. Quoi de plus juste, d'ailleurs? Ne retrouve-t-on pas ici la double considération qui a inspiré cette disposition au législateur, à savoir l'intérêt général de l'agriculture, et le sentiment d'équité qui veut que celui dont les fournitures ou le travail ont mis une certaine valeur dans le patrimoine du débiteur soit préféré sur cette valeur aux autres créanciers ?

Nous n'admettons pas cette solution, et nous préférons dire, avec la cour de cassation, qu'on ne saurait appliquer la disposition du n° 1 de l'art. 2102 aux engrais, ordinaires ou extraordinaires, employés par le fermier lors de l'ensemencement, ou à une époque antérieure quelconque. Que, par suite de l'emploi de ces engrais, la terre sur laquelle ils ont été placés ait obtenu une amélioration notable, que les récoltes qu'elle a produites aient été meilleures et plus abondantes, nous ne le contestons pas. Mais cela ne suffit pas pour justifier le système contraire, aucun texte ne décidant que le prix de toutes les fournitures qui peuvent servir à améliorer la terre et les récoltes devra être préféré à la créance du bailleur.

Est-il bien certain, d'autre part, que l'assimilation faite par le système que nous repoussons soit aussi équitable qu'on le

(1) Cass. 24 juin 1807. — Dalloz, *Rép.*, v° *priv.*, n° 293.
(2) Pont, *Des Priv.*, n° 134. — Dalloz, *Rép.*, v° *priv.*, n° 291. — Bordeaux, 2 août 1831.

prétend? Nous comprenons que le législateur ait pu déclarer privilégiés par préférence au locateur le prix des semences et les frais de la récolte : ces créances, étant en général peu élevées, ne causeront pas au propriétaire un préjudice trop considérable. Mais ces considérations ne peuvent s'appliquer aux engrais fournis au fermier, engrais qui souvent sont employés en vue de la culture de plusieurs années, et dont le prix, quelquefois fort élevé, pourrait, comme dans une espèce jugée par la cour de Caen, absorber la valeur entière de la récolte sur laquelle le bailleur devait compter pour le paiement de ses fermages (1).

§ II. *Concours entre le bailleur et un créancier pour ustensiles.* — L'art. 2102 déclare privilégiées les sommes dues pour ustensiles ; et comme la loi s'exprime en termes généraux, il faut en conclure que le privilége doit exister, soit que la dépense ait eu pour cause la réparation, soit qu'elle ait eu pour cause l'achat de ces ustensiles. Ce privilége ne porte que sur ces objets ; mais il prime celui du bailleur, et cela sans distinction aucune entre le cas où ce dernier a su et celui où il a ignoré que le prix était encore dû à l'ouvrier qui a fait la réparation, ou au marchand qui a fait la vente. Cette solution, toutefois, n'est exacte que dans l'hypothèse où ces créances ont pris naissance pendant le cours du bail. Si, au contraire, elles étaient antérieures à l'entrée en jouissance du preneur, le propriétaire ne devrait les subir qu'autant qu'il serait démontré qu'il avait connaissance de leur existence. Il leur serait préféré s'il n'avait pas su que le prix de la vente ou de la réparation était encore dû, et ceci par application de la règle posée au n° 1 § 3 de notre art. 2102.

Que faut-il entendre par le mot *ustensiles ?* Un point sur lequel tout le monde est d'accord, c'est qu'il ne faut pas comprendre sous cette dénomination les ustensiles de ménage (2). La créance relative à des choses de cette espèce serait hors des

(1) Cass. 9 novembre 1857. — Caen, 28 juin 1837. — Aubry et Rau, t. III, p. 150.
(2) Pont, *Des Priv.*, n° 135. — Mourlon, *Examen critique du commentaire de Troplong*, n° 108.

termes de l'art. 2102, et il n'y aurait à compter, pour obtenir paiement, qu'avec les principes du droit commun. Les expressions du Code ne peuvent s'appliquer qu'aux instruments de travail dont on se sert pour une exploitation. On peut cependant se demander s'il est indifférent que cette exploitation soit agricole ou industrielle. Les auteurs ne font en général aucune distinction, et leur doctrine à cet égard est acceptée par la jurisprudence. La loi, dit-on, a eu principalement en vue les ustensiles aratoires, cela n'est pas douteux ; mais ces termes ne sont pas exclusifs. Il n'y a, du reste, aucune raison pour refuser le bénéfice de la disposition de l'art. 2102 au marchand qui a vendu des machines au locataire d'une usine, ou à l'ouvrier qui les a réparées. L'industrie intéresse la société à un aussi haut degré que l'agriculture ; elle ne vit, comme elle, que de crédit ; l'une et l'autre méritent donc la même protection. Nous admettons volontiers cette solution, en ce qui concerne l'ouvrier, en tant du moins que les réparations qu'il a faites étaient nécessaires à la conservation des machines ; cas auquel il pourrait se prévaloir du privilége qui résulte du n° 3 de notre art. 2102. Mais nous nous séparerons de la majorité des auteurs et de la jurisprudence dans tous les autres cas ; c'est-à-dire qu'à notre avis, ni le vendeur de machines, ni l'ouvrier qui les a réparées ne sauraient invoquer la disposition contenue dans la partie finale du n° 4 de l'art. 2102, ce texte ne pouvant être appliqué qu'aux instruments aratoires qui servent à l'exploitation d'une ferme. La preuve que la loi n'a eu en vue que les ustensiles de cette nature nous paraît résulter, de la manière la plus décisive, de cette circonstance qu'elle s'en explique dans le même paragraphe que celui où elle parle du privilége des frais de semences et récoltes, comme pour englober dans une seule et même idée tout ce qui procure la récolte des fruits. L'extension donnée à cette disposition par la doctrine adverse ne tendrait à rien moins, si elle devait être acceptée, qu'à l'abrogation plus ou moins complète de la règle posée dans le n° 4 de l'art. 2102.

§ III. *Concours entre le locateur et le vendeur des meubles qui*

garnissent la maison ou la ferme. — Nous avons eu déjà l'occasion de parler de ce concours, et nous avons vu que, pour le
régler, la loi s'attachait uniquement à cette circonstance : le
bailleur est-il ou n'est-il pas de bonne foi ? Si celui-ci a cru que
les objets introduits dans les lieux loués étaient libres de toute
charge, de toute affectation, il doit être préféré au vendeur des
meubles dont le locataire n'aurait pas payé le prix. Mais s'il a eu
connaissance de l'existence du droit du vendeur, la situation
change : le privilége du vendeur obtient la première place et
prime celui du locateur.

L'art. 2102, dans le paragraphe dont nous nous occupons,
parle uniquement du privilége. De là est née la question de
savoir si la bonne foi du bailleur peut aussi paralyser l'exercice
de la revendication, qui appartient au vendeur d'effets mobiliers
non payés. Dans notre ancienne jurisprudence, Pothier, qui pré-
voyait cette difficulté, n'hésitait pas à se prononcer dans le sens
de la négative. « Si une personne, nous dit-il, vend des meubles
» à mon locataire sans jour et sans terme, et que, dans l'espé-
» rance de recevoir son argent comptant, il les laisse enlever et
» porter dans la maison que mon locataire tient de moi, pourrai-
» je prétendre qu'ils me sont obligés, et empêcher qu'il ne les
» revendique peu après, faute de paiement ? Je pense que non :
» car, le vendeur étant supposé avoir vendu sans terme et au
» comptant, et par conséquent n'avoir voulu se dessaisir de la
» chose qu'autant qu'on le paierait, on ne peut pas dire qu'il ait
» consenti à ce qu'elle fût obligée à mes loyers (1). » Cette solution a paru à certains auteurs devoir être adoptée encore sous
l'empire de notre Code, avec d'autant plus de raison, disent-ils,
que le délai dans lequel le vendeur doit exercer la revendication
est limité aujourd'hui à huit jours, et ne l'était pas autrefois. Le
bailleur sera donc trop promptement tiré de son erreur, pour
qu'il puisse en résulter pour lui un préjudice sérieux.

Telle n'est point notre opinion. La doctrine de Pothier nous
paraît contraire aux principes de notre législation actuelle. Aux

(1) Pothier, *Du Louage*, n° 244.

9

termes de l'art. 2102, la revendication qui est donnée au vendeur d'effets mobiliers non payés est subordonnée à la condition que les meubles vendus seront encore en la possession de l'acheteur. Or cette possession n'appartient plus au locataire ; elle a été en quelque sorte transmise au bailleur, par suite de l'apport des meubles dans les lieux loués. Le locateur peut, dès lors, se placer sous la protection de la maxime : en fait de meubles, possession vaut titre ; et puisque cette maxime le protège même contre les tiers qui ont la *propriété* des meubles transportés par le preneur dans la maison ou la ferme, à plus forte raison doit-elle lui permettre de repousser le vendeur, dont le droit, moins énergique, n'a plus pour objet la propriété, mais une simple faculté de rétention. Nous arrivons donc à cette conclusion : c'est que la revendication du vendeur doit partager le sort du privilège ; elle ne peut plus être exercée à l'encontre du locateur de bonne foi.

§ IV. *Conflits que le Code n'a pas prévu.* — Le bailleur peut encore se trouver en conflit avec les autres créanciers auxquels l'art. 2102 a accordé un privilège spécial sur certains meubles. Nous devons faire observer, toutefois, que le privilège du locateur ne saurait concourir avec le privilège établi par le n° 7 de cet article au profit des créances résultant d'abus et prévarications commises par les fonctionnaires publics sur les fonds de leur cautionnement ; car il est évident que ces fonds ne peuvent être affectés à la garantie du propriétaire des lieux loués. Mais que décider si celui-ci est en présence d'un créancier gagiste, d'un aubergiste, d'un voiturier ? Si les meubles qui sont actuellement entre les mains de ces derniers garnissaient la maison ou la ferme, le locateur pourrait les revendiquer, si les conditions exigées par l'art. 2102 étaient réunies ; sinon il serait déchu de son privilège. Si, au contraire, nous supposons qu'il s'agit d'un meuble passé dans la maison ou la ferme des mains du gagiste ou de l'aubergiste et du voiturier, ceux-ci, qui n'ont privilège qu'autant qu'ils sont nantis, ne pourraient prétendre à aucun droit de préférence, et ne pourraient, par suite, concourir avec le locateur. Cette solution ne serait cependant exacte que si la dépossession avait été volontaire de la part des créanciers dont nous venons de parler. En cas de perte ou de vol des objets qui constituaient leur gage, ils pourraient en effet agir en revendication contre le bailleur, et paralyser ainsi le droit de celui-ci.

Nous dirons enfin que le privilége du locateur doit être primé par le privilége qui garantirait les frais faits pour la conservation des meubles garnissant la maison ou la ferme, en tant du moins que ces frais seraient postérieurs à l'entrée en jouissance du preneur. Sans ces dépenses le gage du locateur n'existerait peut-être plus, ou aurait pu éprouver une diminution notable de valeur. On ne saurait donc leur refuser la première place.

CHAPITRE VII.

DES RESTRICTIONS APPORTÉES AU PRIVILÉGE DU LOCATEUR EN CAS DE FAILLITE DU LOCATAIRE.

L'exercice du privilége du locateur, en cas de faillite du locataire, n'avait pas été l'objet de l'attention spéciale des rédacteurs du Code civil, ni du Code de commerce. La loi de 1838, en révisant le titre *Des Faillites*, s'était bornée à suspendre, pendant un délai de trente jours à partir du jugement déclaratif de faillite, toutes voies d'exécution, pour parvenir au paiement des loyers, sur les effets mobiliers servant à l'exploitation du commerce du failli ; mais elle n'avait point précisé l'étendue des droits que le locateur pouvait avoir contre son locataire tombé en faillite. Cette lacune a été comblée par la loi des 12-20 février 1872. Avant, toutefois, d'étudier les dispositions nouvelles qui nous régissent actuellement, nous croyons qu'il est nécessaire d'indiquer quel était, antérieurement à cette loi, l'état de la doctrine et de la jurisprudence sur cette matière.

SECTION I.

EXERCICE DU PRIVILÉGE DU LOCATEUR AVANT LA LOI DE 1872.

Quelle était l'étendue de la créance privilégiée du bailleur, en cas de faillite du preneur? Telle était la question à laquelle avait donné lieu le silence de nos lois. Quant aux loyers échus, on admettait, sans opposition, qu'ils devaient tous être privilégiés, par application de la disposition de l'art. 2102 du Code civil.

Mais, quant aux loyers à échoir, devait-on décider qu'ils devenaient exigibles par le fait de la faillite? devaient-ils être compris dans le privilége? Les plus grandes divergences régnaient, à cet égard, entre les auteurs et la jurisprudence. La solution de cette difficulté dépendait, en effet, de l'opinion que l'on adoptait sur la nature de la créance du locateur, et, sur ce point, l'on était loin d'être d'accord. Trois systèmes se trouvaient en présence :

1er *système.* — La créance du propriétaire, pour ses loyers et fermages, est une créance à terme.

Le louage, disent les partisans de cette opinion, est, comme la vente, un contrat synallagmatique purement consensuel; il acquiert son entière perfection dès que le consentement des parties est intervenu. Il engendre deux obligations principales, ayant chacune son objet et sa cause, dès l'instant de sa formation : d'une part, l'obligation du bailleur, qui a pour objet la prestation de la jouissance, et pour cause l'obligation que le preneur contracte de payer les loyers; d'autre part, l'obligation du preneur, qui a pour objet le paiement des loyers, et pour cause l'obligation que le bailleur contracte de lui fournir la jouissance de la chose. Ces deux obligations naissent en même temps, et elles naissent parfaites, définitives, dans toute leur intégrité. Ensuite viendra l'exécution ; et, par la nature même des choses, cette exécution implique un terme nécessaire. Si maintenant il arrive que, par un accident quelconque, le bailleur ne puisse pas exécuter son obligation pour toute la durée du bail, il pourra y avoir lieu, suivant le droit commun, soit de prononcer la résiliation ou la résolution du bail, soit d'accorder au preneur une diminution, une remise ou une décharge.

Les expressions des art. 1722 et 1741 ne supposent-elles pas, de la façon la plus évidente, l'existence même du bail ? car on ne révoque, on ne détruit que ce qui existe. Or, si le bail existe dès à présent, comment nier l'existence actuelle des obligations qu'il est destiné à produire !

Veut-on, du reste, d'autres preuves de l'existence actuelle de ces obligations, nous les trouvons : 1° dans l'art. 2102 C. civ., qui, en permettant au bailleur de se faire payer, par préférence, tous ses loyers à échoir, le traite manifestement comme un créancier à terme; 2° dans la loi du 3 mai 1841, qui reconnaît le droit du locataire à une indemnité, en cas d'expropriation pour cause d'utilité publique, de l'immeuble loué; 3° dans le mode de perception des droits auxquels donne lieu l'enregistrement du contrat de louage, droits qui doivent être calculés sur la totalité des loyers (1).

Si donc la créance du bailleur est une créance à terme, elle doit, en cas de faillite du locataire, devenir exigible, par application des art. 1188 du Code civil et 444 du Code de commerce. Est-ce à dire, cependant, que le propriétaire pourra se prévaloir de son privilége pour garantir le paiement de tous les loyers à échoir, lorsque son bail aura date certaine ?

L'affirmative n'est pas douteuse si les syndics font vendre les meubles qui garnissaient les lieux loués; dans le cas contraire, la solution de cette question, dans un sens ou dans l'autre, dépend du système auquel on se range, sur la question de savoir si les créanciers privilégiés ou hypothécaires dont les droits sont à terme peuvent invoquer l'exigibilité anticipée que produit la faillite, à l'effet d'exercer des poursuites individuelles sur les objets qui constituent leur gage.

(1) Desjardins, Rev. crit., t. XXIX.—Demolombe, t. XXV, n° 581.—Aubry et Rau, t. III, p. 147.

2º *système.* — La créance du locateur est une créance *suspensivement conditionnelle* et non pas une créance à terme.

Le louage, sans nul doute, est un contrat consensuel qui donne naissance à des obligations ayant chacune son objet et sa cause, dès le moment où le contrat est formé. Mais ces obligations n'existent que comme obligations conditionnelles. L'objet de l'obligation du locateur consiste dans une chose future; car il est impossible que, dès le jour même du contrat, il procure complétement au locataire la jouissance de la chose louée. Peut-être même ne pourra-t-il jamais la procurer, des événements pouvant survenir qui la rendront impossible. Ainsi, *a priori,* l'on ne peut savoir si l'obligation du bailleur existera ou n'existera pas : tout dépend de l'avenir. Comment, dès lors, ne pas voir que la condition qui l'affecte appartient aux conditions suspensives! Quant à l'obligation du preneur, elle est corrélative à celle du bailleur qui lui sert de cause, et doit avoir par conséquent la même nature, c'est-à-dire qu'elle doit être également conditionnelle.

S'il est vrai qu'à l'exemple de la vente, le louage a toute sa perfection dès l'instant qu'il est conclu; si, de même que dans la vente, les obligations qu'il doit produire ont dès ce jour leur cause complète, comment comprendre que les risques de la chose louée restent à la charge du locateur? Est-ce que, dans la vente, la perte de la chose vendue libère l'acheteur de son obligation? Est-ce que, par suite, les causes qui amènent la destruction des immeubles loués devraient empêcher l'obligation du locataire de subsister? La loi ne devrait-elle pas nous donner la même solution dans les deux cas? et cependant elle ne l'a pas fait; ce qui ne peut s'expliquer que par cette considération que, « dans la vente, tout est présent, actuel, certain, complet, et partant définitif; dans le louage, au contraire, tout est futur, incertain, partant conditionnel. »

Objectera-t-on que l'art. 2102 est en contradiction formelle avec cette manière d'envisager le contrat de louage, puisque cet article autorise, dans certains cas, le propriétaire à se faire payer les loyers à échoir, comme un créancier à terme, tandis qu'un créancier conditionnel ne figure que pour mémoire dans les distributions, ou n'est du moins payé qu'à la charge de fournir caution ? Mais cette faculté, que l'art. 2102 accorde au locateur, n'empêche pas que le droit de celui-ci ne soit conditionnel. Au lieu d'ordonner que les fonds qui proviennent de la vente des objets garnissant les lieux loués seront consignés jusqu'à l'accomplissement de la condition, la loi décide qu'ils seront remis immédiatement au propriétaire, sans que celui-ci soit forcé de donner caution. Cette disposition constitue tout simplement une dérogation au droit commun, dérogation exorbitante, si l'on veut; mais qui peut se justifier par l'extrême faveur dont jouit la créance du bailleur (1).

Si cette doctrine est fondée, si le droit du propriétaire est affecté d'une condition qui tient en suspens son existence même, il faut en conclure que la dette des loyers à échoir ne devient pas exigible par le fait de la faillite; car l'exigibilité anticipée de l'art. 444 du Code de commerce ne s'applique pas aux dettes *suspensivement conditionnelles.*

3ᵉ *système.* — La créance du bailleur n'est ni à terme ni conditionnelle, elle n'est qu'une créance future et successive. — On ne peut se rendre un compte exact de la nature des obligations du locateur et du locataire qu'en analysant le contrat de louage, qu'en décomposant ses éléments. Voyons donc comment le Code le définit : « Le louage des choses, nous dit l'art. 1709, est un contrat par lequel l'une des parties *s'oblige à faire jouir* l'autre d'une chose pendant un certain temps, moyennant un certain prix que celle-ci s'oblige de lui payer. » De cette définition il ressort que l'obligation du locateur a pour objet, suivant l'expression romaine, une *præstatio;* or, par sa nature même, la *præstatio* est un fait continu et successif qui ne peut s'accomplir en un seul instant. Telle est bien l'obligation de fournir la jouissance de la chose louée; le propriétaire ne peut l'exécuter en une seule fois, au moment où le contrat s'est formé; c'est une obligation qui ne naît que successivement. D'autre part, le prix,

(1) Mourlon (Dalloz, *Recueil périodique de jurisprudence,* 1865, 1, 201).

que le locataire s'engage à payer soit annuellement, soit à des
intervalles plus rapprochés, n'est que la représentation de l'avantage que le bailleur procure au preneur : d'où la conséquence
que l'obligation du locataire n'existe que dans la mesure où le
bailleur a accompli la sienne ; en un mot, elle est successive,
comme celle du propriétaire.

Aussi l'art. 586 range-t-il les loyers parmi les fruits civils qui
s'acquièrent jour par jour. Si l'on oppose que cette disposition
doit être écartée du débat parce qu'elle n'a pour but que de
régler les rapports du nu propriétaire et de l'usufruitier, on
peut répondre que le législateur ne fait rien arbitrairement, et
que, si l'usufruitier acquiert les loyers jour par jour, c'est qu'il
est de la nature du louage que la créance des loyers naisse
chaque jour. Il ne faudra donc pas dire, s'il arrive que le bail ne
puisse pas recevoir son entière exécution jusqu'à l'époque fixée
par les parties, que la créance du propriétaire est résolue ; il
faudra dire qu'elle n'est pas née, qu'elle n'a pu naître. Quant à
l'objection que l'on pourrait tirer de l'art. 2102, elle a une force
plus apparente que réelle. Dans cet article, le Code n'a point entendu caractériser la nature de la créance du bailleur en lui
permettant, dans certains cas, de toucher par anticipation les
loyers à échoir ; il a voulu placer entre ses mains un gage qui lui
donne toute sécurité pour l'avenir. C'est un gage tout spécial,
irrégulier même, si l'on peut ainsi s'exprimer, puisque le locateur a la faculté d'en disposer ; mais on ne peut y voir autre
chose qu'un gage qui se transformera en paiement, au fur et à
mesure que le locataire recevra la jouissance qui lui est due (1).

Des trois systèmes que nous venons d'exposer, le dernier seul
nous paraît envisager d'une manière exacte les obligations qui
prennent leur source dans le contrat de louage. Il nous est, en
effet, impossible de trouver, dans ces obligations, les caractères
que présentent les obligations à terme ou conditionnelles.

La créance à terme a une existence actuelle ; car le terme ne

(1) Thiercelin (Dall., 1862, 2, 1), *Revue critique*, t. XXX. — Bufnoir, *Théorie de la condition*, en droit romain.

suspend pas l'engagement, il en retarde seulement l'accomplissement. Or peut-on dire que la créance du bailleur naisse du seul fait du bail, et qu'il n'y ait de retard que pour l'exécution? Assurément non. On ne pourrait prétendre que le droit du bailleur existe pour le tout, au moment même de la formation du contrat, que si dès cet instant le bailleur avait accompli toutes ses obligations, en délivrant au locataire les lieux loués, comme cela a lieu après la vente d'un usufruit. Le prix du bail devrait être alors considéré comme prix unique, et les termes du bail seraient des annuités. Mais, loin qu'il en soit ainsi, l'art. 1719 du Code civil décide, en termes formels, que le bailleur est tenu non-seulement de délivrer au preneur la chose louée, mais encore de *l'en faire jouir* paisiblement pendant toute la durée du bail. Son obligation renaît donc chaque jour, ou plutôt est permanente.

Qui ne voit, du reste, que déclarer l'obligation du locataire née pour le tout, dès que le consentement des parties est intervenu, c'est intervertir l'ordre des obligations? L'effet précède la cause. L'objet du contrat de louage n'est plus la jouissance d'une chose moyennant un prix, c'est le paiement d'un prix moyennant une jouissance éventuelle et bien souvent problématique.

Est-il plus exact de soutenir que les obligations engendrées par le louage sont conditionnelles? Nous ne le pensons pas. Le système de Mourlon nous paraît reposer uniquement sur une confusion entre la cause et la modalité d'une obligation. Dans tout contrat il faut distinguer les éléments essentiels à sa validité et les modalités dont il peut être affecté. L'événement ou le fait, que l'on appellera condition, doit être étranger au but que se propose d'atteindre la partie qui s'oblige. S'il est la raison même de cet engagement, il n'est plus une condition mais une cause. Or, dans la doctrine que nous combattons, le même fait, la prestation de la jouissance de la chose louée, constitue une cause et une condition : ce qui est impossible; autrement il faudrait dire que toute obligation née d'un contrat à titre onéreux est conditionnelle.

Ainsi donc, suivant nous, on ne peut considérer les obligations

qui naissent du louage que comme des obligations futures et
successives; par conséquent, le locataire venant à tomber à
faillite, on ne pouvait appliquer à la créance du bailleur la disposition de l'art. 444 du Code de commerce.

Telle n'était point l'opinion de la jurisprudence.

Partant de ce principe que la créance du bailleur est à terme,
la cour de cassation en déduisait les conséquences les plus ri-
goureuses, et décidait que, lorsqu'un bail avait date certaine, la
faillite du locataire rendait exigibles tous les loyers qui, au moment où elle se produisait, n'étaient pas encore échus. De là,
pour le locateur, le droit de se prévaloir du privilége de l'art. 2102,
et, par suite, de poursuivre, envers et contre tous, le paiement
intégral et immédiat de ses loyers à échoir, ou, à défaut de ce
paiement, la résiliation du bail. Cette faculté de demander la résiliation du bail, ajoutait la cour de cassation, devait appartenir
au bailleur alors même que, les syndics ayant cédé à la même
personne et le fonds de commerce et le droit au bail, les lieux
loués restaient garnis, comme ils l'étaient avant la faillite, alors
même qu'ils offriraient de donner caution pour sûreté de tous
les loyers à échoir.

Cette jurisprudence avait produit dans la pratique les résultats
les plus désastreux. Le propriétaire absorbait, au détriment de la
masse des créanciers, la totalité du prix des marchandises garnissant les magasins du failli. Dans le malheur commun, lorsque
tous les créanciers perdaient une partie de leurs créances, le
bailleur seul ne perdait rien; il tenait les créanciers à sa discré-
tion en leur posant cette alternative : payez tous les loyers à
échoir, ou résilions. Dans les deux hypothèses, il pouvait réaliser
un bénéfice considérable. Les loyers à échoir étaient-ils payés,
le propriétaire touchait immédiatement le paiement intégral
d'une créance qui n'était payable que par parties et à des termes
plus ou moins éloignés : conséquence d'autant plus choquante
que, de nos jours, s'est introduit l'usage de faire des baux à très-
longue durée, et que les prix des locations d'immeubles ont
beaucoup augmenté (1). La résiliation du bail était-elle pro-

(1) On a cité l'exemple d'un bail consenti pour trente ans, à raison de

noncée, cette résiliation, comme le paiement anticipé, pouvait être la ruine de la faillite et une source de gain pour le propriétaire. Si, en effet, on suppose que le failli avait, par une cause ou par une autre, donné une augmentation de valeur aux lieux loués, c'était le bailleur qui profitait de cette plus-value; dans tous les cas, l'industrie du failli était ruinée, tout arrangement avec ses créanciers était devenu impossible; de telle sorte que l'un des auteurs qui, avant la loi de 1872, combattaient la jurisprudence de la cour de cassation, pouvait, sans exagération, poser la question en ces termes : « Nos lois confèrent-elles aux propriétaires locateurs le droit, quand leur locataire fait faillite, de s'enrichir à ses dépens et d'achever de le ruiner, quoiqu'ils n'aient à le faire aucun intérêt légitime et moralement appréciable? »

Un pareil état de choses souleva et devait nécessairement soulever de nombreuses protestations. Le 6 juillet 1861, M. Denière, président du tribunal de commerce de la Seine, dans son discours d'installation, appréciait en ces termes les décisions de la cour de cassation : « Sans nous appesantir sur les conséquences de ces décisions qui, entre autres résultats regrettables, mettent aux mains des propriétaires, avec le capital de la créance non échue, les intérêts de ce capital, nous ferons remarquer que si la législation, telle qu'elle est interprétée, était maintenue, l'actif des faillites serait menacé de disparaître en entier, et la ruine de la généralité des créanciers serait fatalement consommée. Il n'entre pas dans notre pensée de contester la juste protection qui est due aux droits et aux intérêts des propriétaires; mais la même protection n'est-elle pas due aux commerçants, aux créanciers qui ont eu foi et confiance dans le débiteur? Ces considérations militent en faveur d'une réforme législative, que l'intérêt et la sécurité du commerce rendent non-seulement nécessaire, mais encore urgente. » Quelques mois plus tard, le 4 no-

30,000 fr. par an, qui, la faillite du preneur étant survenue, a autorisé le bailleur à prélever sur le prix des marchandises une somme de 900,000 fr.

vembre 1861, M. l'avocat général Blanche, dans un discours de
rentrée, signalait à la cour de cassation les réclamations incessantes du commerce contre les droits exorbitants que les bailleurs voulaient s'arroger, et il demandait également que des
modifications fussent apportées à l'état de choses actuel.

Cet appel au législateur ne fut entendu qu'en 1867. Sous la
pression de l'opinion publique, le gouvernement se décida, le
26 décembre 1867, à présenter un projet de loi destiné à faire
disparaître les abus dont se plaignait le commerce. Ce projet fut
pris en considération, mais il était encore l'objet de conférences
entre la commission du Corps législatif et le conseil d'État
lorsque l'empire fut renversé, le 4 septembre 1870.

Malgré l'accueil favorable qu'il avait reçu au Corps législatif,
la cour de cassation ne persista pas moins dans sa désastreuse
jurisprudence (1). Aussi l'idée du gouvernement impérial fut-elle
reprise par M. Courbet-Poulard, qui, dans la séance du 7 avril
1871, déposa sur le bureau de l'Assemblée nationale une proposition de loi tendant à restreindre l'exercice du privilège du
locateur en cas de faillite du locataire. C'est ce projet qui, mo-
difié par la commission de l'Assemblée nationale, est devenu la
loi des 12-20 février 1872, dont nous devons maintenant examiner les principales dispositions.

SECTION II.

LOI DES 12-20 FÉVRIER 1872.

Cette loi concilie dans une assez juste mesure les droits et les
intérêts des faillis, de la masse des créanciers et des propriétaires.
Plusieurs reproches peuvent cependant lui être adressés. La
disposition la plus importante de cette loi, c'est-à-dire la dérogation qu'elle apporte à l'art. 2102, n'est pas mise suffisamment en
relief. La rédaction des articles ne présente pas en outre cette

(1) Req. 15 juillet 1863 (Dall., 1872, 1, 95). — Civ. cass. 19 février 1870
(D., 70, 1, 261).

clarté qui est l'une des conditions essentielles de toute bonne
législation. C'est ainsi, par exemple, que la question de l'influence de la faillite, sur la résiliation des baux, n'est pas tranchée
d'une façon bien nette. Nous aurions enfin désiré lui voir modifier complétement l'art. 2102, et apporter, dans tous les cas, des
restrictions aux droits si exorbitants du bailleur. Ses rédacteurs
n'ont pas cru qu'il était nécessaire d'aller aussi loin, et, en
dehors des hypothèses particulières qu'ils prévoyaient, ils ont
laissé subsister l'art. 2102 dans toute sa force. Il importe donc,
avant tout, de déterminer les cas d'application de la loi de 1872.

Il résulte formellement du texte qu'elle ne s'applique que
lorsque le locataire a été déclaré en faillite. Les dispositions de
l'art. 2102 conservent tout leur empire si le preneur est simplement tombé en déconfiture. Elle ne régit même pas indistinctement tous les baux consentis au failli. Ceux-là seuls qui concernent les immeubles affectés à un usage industriel ou commer-
cial tombent sous le coup de la loi nouvelle. C'est en effet en vue
du commerce ou de l'industrie du locataire que les autres créanciers ont traité avec lui ; c'est dans ces lieux que leurs marchandises sont entrées, et, lorsqu'un conflit vient à éclater entre eux
et le propriétaire, il est tout naturel que les marchandises déli-
vrées par eux, dont le prix est encore dû, ne deviennent pas le
gage exclusif du bailleur. Ajoutons, toutefois, qu'il n'y a pas
lieu de distinguer entre les ateliers ou les magasins et les locaux
y attenant et consacrés à l'habitation du failli et de sa famille,
ces locaux ne devant être considérés que comme un accessoire
de l'immeuble où s'exploite le commerce ou l'industrie. Lorsque,
au contraire, les lieux loués au failli consistent soit dans une
ferme ou une maison de campagne, soit dans un appartement
séparé de ses magasins, les baux restent soumis au droit commun
de l'art. 2102.

La loi de 1872, enfin, conformément au principe général de
la non-rétroactivité des lois, ne s'applique pas aux baux ayant
acquis date certaine avant sa promulgation. Mais, tout en maintenant dans son intégrité le privilége résultant des baux anté-
rieurs, elle déclare expressément que le bailleur ne pourra

exiger par anticipation le paiement des loyers à échoir, s'il lui est donné des sûretés suffisantes pour en garantir le paiement. Elle condamne donc, sur ce point, le système de la jurisprudence, qui décidait, ainsi que nous l'avons dit, que, dans tous les cas, les loyers à échoir devenaient exigibles par le seul fait de la faillite.

Cela posé, si nous devions faire de cette loi une étude complète, nous aurions à examiner les deux questions dont elle s'occupe : 1° la résiliation possible du bail; 2° l'étendue que doit avoir le privilège du locateur à l'égard de la masse des créanciers du failli. La première question, cependant, nous paraissant être un peu en dehors de notre sujet, nous nous bornerons à énoncer sommairement les règles qui la concernent.

La faillite n'entraîne pas de plein droit la résiliation du bail; mais ne doit-elle pas du moins autoriser la justice à la prononcer sur la demande du bailleur ? Cela dépend des circonstances. Le preneur tombé en faillite a-t-il pleinement et entièrement exécuté le contrat, le bail devra être maintenu, nonobstant la faillite; au contraire le preneur a-t-il manqué à tout ou partie de ses engagements, alors la résiliation devra être prononcée au profit du bailleur. Si donc les créanciers veulent que le bail continue, qu'ils fassent connaître leur volonté au propriétaire, qu'ils lui donnent des sûretés suffisantes pour garantir le paiement des loyers à échoir, et celui-ci ne pourra faire résilier le contrat, à moins qu'il ne puisse invoquer des causes de résiliation existant déjà à cette époque.

L'intention des créanciers de continuer le bail doit être portée à la connaissance du bailleur par voie de notification, dans un délai de huit jours à partir du délai accordé, par l'art. 492 du Code de commerce, aux créanciers domiciliés en France pour la vérification de leurs créances (1). Jusqu'à l'expiration de ces huit jours, le propriétaire ne pourra procéder à aucune voie d'exécution sur les effets mobiliers servant à l'exploitation du

(1) Cette notification est faite par les syndics avec l'autorisation du juge commissaire, et après avoir entendu le failli.

commerce ou de l'industrie du failli. Si, à ce moment, il existe à son profit des causes de résiliation, il doit demander la résiliation du bail dans les quinze jours qui suivront la notification. S'il n'agit pas dans ce délai, il devra être réputé avoir renoncé à se prévaloir des griefs actuels, sur lesquels il aurait pu fonder sa demande.

Telle est la solution donnée par la loi de 1872 à la question de savoir quelle doit être l'influence de la faillite sur la résiliation du bail. Voyons maintenant ses dispositions relatives à l'exercice du privilége du locateur. Elle ne distingue plus si les baux sont authentiques ou sous seing privé, et s'ils ont ou non date certaine ; elle ne considère qu'une seule chose : le bail est-il ou n'est-il pas résilié ?

I. *Le bail est résilié.* — Dans cette hypothèse, il ne saurait être question des loyers à échoir, puisque, par la résiliation, toute dette de loyers a cessé, à partir du jour où elle a été prononcée. Quant aux loyers échus, la loi nouvelle décide que les deux dernières années du bail échues avant la déclaration de faillite seront seules privilégiées. Le locateur ne pourra se présenter à la faillite qu'en qualité de créancier chirographaire pour les autres termes qui pourraient lui être encore dus. Les deux années comprises dans le privilége doivent être comptées en prenant pour point de départ la date fixée par le contrat. Ainsi, nous dit M. Delsol dans son rapport, supposons que le bail ait commencé le 1er avril 1867 et que la faillite ait été déclarée le 1er juillet 1870 : les deux dernières années échues sont celles qui se placent entre le 1er avril 1868 et le 1er avril 1870, date où commence l'année courante.

Cette restriction apportée à l'exercice du privilége dans le passé a été inspirée par l'art. 2151 du Code civil, qui contient une limitation analogue pour les intérêts ou arrérages d'une créance garantie par une hypothèque. Elle se justifie par la négligence du bailleur, et l'intérêt des tiers dont la bonne foi ne doit pas être surprise. Le bailleur, en laissant, par faiblesse ou négligence, s'accumuler plusieurs années de loyers, rend un très-mauvais service à son locataire, dont la faillite sera d'autant plus désastreuse qu'elle aura existé plus longtemps à l'état latent. Il ne faut pas, d'autre part, que les créanciers du locataire soient victimes d'un privilège trop étendu, alors qu'ils avaient lieu de croire la créance éteinte.

La loi nouvelle accorde encore au propriétaire le droit d'invoquer son privilège pour l'année courante. Elle se calculera, comme nous venons de le dire, en prenant pour point de départ la date anniversaire du bail. Mais s'agit-il ici de l'année courante entière, ou seulement d'une fraction de cette année ? La loi ne s'explique pas expressément sur ce point, et son silence pourrait faire naître une controverse analogue à celle qui s'est élevée sur la portée de l'art. 2151. Nous n'hésitons pas, toutefois, à croire que le privilège ne peut s'appliquer qu'à la période qui s'est écoulée depuis le moment où a expiré l'année précédente jusqu'à l'époque où la résiliation a été prononcée. Cette solution nous est dictée par le texte de la loi et l'équité : par le texte, car il serait inexact, si on devait lui prêter une signification autre que celle que nous lui donnons, puisqu'il n'y a point, à proprement parler, d'*année courante*, s'il s'agit, en réalité, de trois années révolues. Si le législateur avait voulu privilégier trois années complètes, pourquoi ne l'aurait-il pas dit franchement, au lieu d'envelopper sa pensée dans une formule aussi équivoque ? Par l'équité, avons-nous dit, car, dès que la résiliation est un fait accompli, le propriétaire a repris possession de son immeuble. Nous ne voyons pas, dès lors, pour quel motif on imposerait à la faillite l'obligation de payer des loyers pour un temps pendant lequel elle n'a pas joui de l'immeuble. S'il en était autrement, le bailleur, payé de son loyer, aurait en outre la chose à sa disposition et pourrait en tirer un profit nouveau en la relouant, résultat que condamnent la justice et la raison.

Notre interprétation peut enfin s'appuyer sur le témoignage formel du rapporteur de la loi, M. Delsol, qui, dans la séance du 5 janvier, déclarait que « cet article (550 nouveau, C. com.) accorde au propriétaire un privilège pour deux années échues, et l'année courante, *jusqu'au moment de la résiliation*. »

Le premier alinéa du nouvel art. 550 permet, en outre, en

cas de résiliation du bail, l'exercice du privilége « pour tout ce qui concerne l'exécution du bail et pour les dommages et intérêts qui pourront être alloués au locateur par les tribunaux. » Ces dommages et intérêts comprennent les indemnités qui peuvent être dues au bailleur par suite de l'inexécution du contrat. La rédaction de cet article fut critiquée lors de la seconde délibération, comme excluant les dommages et intérêts qui pourraient avoir été fixés par la convention ; et on demandait d'ajouter au texte une disposition tendant à faire disparaître tous les doutes à cet égard. Mais M. Delsol répondit que l'addition proposée rentrait dans les idées de la commission, et que les indemnités stipulées expressément par les parties étaient suffisamment comprises dans les mots : « *tout ce qui concerne l'exécution du bail.* »

L'art. 550 du Code de commerce ne parle pas, comme l'article 2102, des réparations locatives. Il n'est pas douteux, cependant, que le bailleur ne puisse se prévaloir de son privilége à leur égard ; cela résulte du rapport lui-même, qui reconnaît formellement ce droit au propriétaire.

II. *Le bail n'est pas résilié.* — « Au cas de non-résiliation, nous dit le second alinéa de l'art. 550 du Code de commerce, le bailleur, une fois payé de tous les loyers échus, ne pourra pas exiger le paiement des loyers en cours, ou à échoir, si les sûretés qui lui ont été données lors du contrat sont maintenues, ou si celles qui lui ont été fournies depuis la faillite sont jugées suffisantes. » La loi de 1872 suppose ici que le bailleur a reçu intégralement le montant des loyers échus. S'il en est ainsi, c'est qu'à défaut de ce paiement il eût pu demander la résiliation du bail ; mais lorsque le propriétaire a ainsi touché ce qui lui était dû, il n'a rien à réclamer pour les loyers à échoir, tant que les meubles garnissant les lieux loués n'ont pas été vendus. Les choses se passeront comme s'il n'y avait pas faillite ; le contrat de bail continuera à être exécuté de part et d'autre. Les syndics exploiteront le fonds de commerce pour la masse des créanciers, ou bien ils pourront céder le bail ou sous-louer à un tiers, si cette faculté n'avait pas été interdite au preneur par le contrat. Dans tous les cas, que les syndics continuent l'exploitation, ou qu'un cessionnaire du bail ou un sous-locataire les remplace, celui qui occupera les lieux loués devra y entretenir un gage suffisant pour assurer l'exécution des obligations résultant du bail, et il devra y satisfaire au fur et à mesure des échéances. Ajoutons que la loi exige que la destination des lieux ne soit pas changée. Si la convention s'expliquait clairement sur le mode de jouissance, il faudrait s'y conformer ; dans l'hypothèse contraire, il y aurait là, pour les tribunaux, une question d'interprétation du contrat de bail. C'est également aux tribunaux qu'il appartiendrait de trancher le conflit qui peut s'élever, entre le bailleur et les créanciers de la faillite, sur le point de savoir si les garanties données pour assurer le paiement des loyers à échoir sont ou non suffisantes. Dans le règlement de ces intérêts rivaux, nous dit le rapport de M. Delsol, le juge devra tenir compte de la faillite du locataire, qui, en faisant disparaître sa solvabilité, diminue les sûretés morales sur lesquelles le bailleur avait le droit de compter, et il devra, par conséquent, se montrer d'autant plus rigoureux dans la détermination des garanties réelles qui doivent donner pleine et entière sécurité au propriétaire. Nous n'avons pas besoin de faire remarquer que, les contestations de cette nature étant civiles, elles devront être évidemment portées devant les tribunaux ordinaires.

La loi nouvelle peut donc être considérée comme un bienfait pour le commerce, qui n'a plus à redouter pour l'avenir les conséquences désastreuses de la jurisprudence de la cour de cassation. Les intérêts de la masse des créanciers ne seront plus, comme autrefois, sacrifiés aux prétentions exorbitantes du propriétaire ; celui-ci ne pourra plus exiger le paiement anticipé des loyers à échoir, et absorber ainsi la majeure partie de l'actif de la faillite. Cette disposition, nous le savons, devrait s'appliquer même aux baux ayant acquis date certaine à l'époque de la promulgation de la loi de 1872, pourvu toutefois que la faillite fournisse au bailleur des sûretés suffisantes pour assurer le paiement des loyers futurs.

Une dernière question nous reste à examiner ; elle est prévue par le troisième alinéa de l'article 550. Il peut arriver

que, le bail n'étant pas résilié, les garanties du bailleur soient
diminuées par suite de la vente et de l'enlèvement des meubles
garnissant les lieux loués, vente qui peut être provoquée soit
par le bailleur lui-même, qui n'est pas payé des loyers à
échéance, soit par les syndics qui veulent réaliser les marchandises du failli. Sur le produit de la vente des meubles, le
propriétaire exercera son privilège, comme dans l'hypothèse de
la résiliation, pour les deux années de bail échues, l'année courante, les indemnités auxquelles il peut avoir droit, et en général pour tout ce qui concerne l'exécution du bail. Quant aux
loyers à échoir, la collocation privilégiée ne comprendra qu'une
année à partir de l'année courante, sans qu'il y ait à distinguer
si le bail a ou n'a pas date certaine; de telle sorte que, dans l'hypothèse dont nous nous occupons, le privilège du bailleur pourra
s'étendre à quatre années, savoir: deux années échues, l'année
courante et l'année à venir. Le rapporteur présente cette solution
comme une transaction suffisamment équitable entre les droits du
propriétaire et les intérêts de la masse. Le privilège va s'exercer
sur des marchandises qui ont été livrées au failli, par ceux-là
mêmes que le bailleur prétend primer: il est dès lors tout naturel
d'imposer aux uns et aux autres des sacrifices réciproques. Mais
quels seront les droits du locateur quant aux autres années à échoir
qui ne seront pas garanties par le privilège? Cette difficulté n'est
pas résolue par la loi de 1872. La question avait été cependant
agitée au sein de la commission, et il y est fait allusion dans le
rapport de M. Delsol. Partant de cette idée, qui nous paraît du reste
erronée, que la créance du bailleur est à terme, la plupart des
membres de la commission n'hésitaient pas à admettre que cette
créance devait devenir exigible par le fait de la faillite, et que par
suite le bailleur pouvait figurer à la faillite avec la masse des
créanciers, et toucher un dividende. Une divergence, toutefois,
s'était élevée entre eux sur les conséquences de cette collocation.
Suivant les uns, les dividendes afférents aux années ultérieures,
qui ne sont pas comprises dans le privilège, devaient être tota-
lisés, et, sur la masse ainsi formée, le bailleur continuerait à prélever, année par année, et jusqu'à épuisement complet, l'inté-
gralité de ses loyers. Une fois cette masse expirée, le bailleur

ferait résilier le bail à défaut de paiement. Suivant les autres, le propriétaire devait être assimilé aux créanciers chirographaires, parmi lesquels il consentait à prendre place. S'il avait touché un dividende, il devait subir la loi commune, et être considéré comme intégralement payé des loyers à échoir, ce qui entraînait, comme résultat, l'obligation, pour le bailleur, de laisser à la masse la jouissance de l'immeuble pour tout le temps qui restait à courir du bail,

De ces deux opinions, la première doit être, sans nul doute, écartée, car elle ne tend à rien moins qu'à rétablir, par voie indirecte, pour les années ultérieures, le privilége que la loi de 1872 a limité à une année à venir seulement. Quant à la seconde, elle n'est que la conséquence inévitable du principe accepté par les rédacteurs de la loi de 1872, à savoir que la créance du bailleur est une créance à terme, et par suite, étant admis que ce principe est exact, on ne saurait se refuser à l'accepter, au point de vue abstrait tout au moins. Mais, dans la pratique, il nous paraît difficile qu'elle reçoive un accueil favorable. Il n'est pas, en effet, un propriétaire qui, suivant le conseil que lui donne M. Delsol, ne préfère demander la résiliation du contrat plutôt que d'être payé en monnaie de faillite de tous les loyers futurs.

Une dernière observation trouve ici sa place. Les loyers de l'année à échoir, garantis par le privilége, sont payés au locateur non pas à titre d'indemnité, mais à titre de loyers, puisque le bail existe jusqu'à la résiliation et que celle-ci n'a pas été prononcée.

De là, pour les créanciers, le droit de faire leur profit de la location pour le temps à raison duquel le bailleur a touché ses loyers par anticipation. Ce droit leur appartiendrait alors même que le contrat contiendrait la prohibition de sous-louer ou de céder le bail. En recevant par anticipation une partie de ses loyers, le propriétaire a implicitement renoncé au bénéfice de l'interdiction pour toute la période correspondant aux loyers qu'il a perçus. Mais, en accordant cette faculté aux créanciers, la loi la subordonne à la condition que la destination des lieux loués ne sera pas changée.

POSITIONS.

DROIT ROMAIN.

I. Les meubles des sous-locataires sont soumis à l'hypothèque tacite du locateur.

II. Le bailleur d'un fonds rural n'a point une hypothèque tacite sur les effets mobiliers apportés par le preneur dans le fonds loué.

III. L'interdit Salvien n'a pas été étendu, sous le nom d'interdit quasi-Salvien, au profit de tout créancier gagiste ou hypothécaire.

IV. L'interdit Salvien n'emportait pas décision sur la validité du droit de gage.

V. On peut concilier la loi 2, D., *Salv. interd.*, avec la loi 10, *de pign. et hyp.*

DROIT FRANÇAIS.

CODE CIVIL.

I. Le privilége du locateur ne garantit pas le remboursement des avances faites par le propriétaire à son fermier pendant le cours du bail.

II. Si le bail n'a pas date certaine, le privilége comprend tous les termes échus, l'année courante et celle qui la suit.

III. S'il y a eu tacite reconduction, le privilége doit être restreint, comme au cas de bail sans date certaine, alors même que le bail originaire aurait été constaté par acte authentique.

IV. Le bailleur peut revendiquer les meubles enlevés, sans son consentement, de la maison ou de la ferme, alors même que ceux qui y ont été laissés sont suffisants pour garantir le paiement des loyers ou fermages.

V. Les priviléges généraux de l'art. 2101, autres que les frais de justice, sont primés par le privilége du locateur.

VI. La créance du propriétaire, pour ses loyers ou fermages à échoir, est une créance future et successive.

DROIT ADMINISTRATIF.

I. Le bailleur n'a aucun droit de préférence sur l'indemnité, allouée au locataire d'un immeuble exproprié pour cause d'utilité publique.

II. Le jugement d'expropriation pour cause d'utilité publique ne crée pas la domanialité publique.

III. Les édifices publics, tels qu'hôtels de ministère, de préfecture et de mairie, sont dans le domaine privé de l'État, du département et de la commune.

DROIT COMMERCIAL.

I. Si le locataire est tombé en faillite et que le bail soit résilié, l'année courante, garantie par le privilége dont il est question dans le nouvel art. 550 du Code de commerce, ne doit comprendre que la fraction de l'année qui s'est écoulée depuis la date anniversaire du bail jusqu'à la résiliation.

II. La remise d'une portion de la dette par le concordat n'est pas un avantage sujet à rapport ou à réduction.

PROCÉDURE CIVILE.

I. Les tribunaux civils saisis d'une affaire commerciale sont incompétents *ratione materiæ*.

II. L'exercice de l'action en réintégrande n'exige pas la preuve d'une possession annale.

DROIT CRIMINEL.

I. La déclaration de faillite est le préliminaire indispensable de la poursuite en banqueroute.

II. La condamnation par contumace n'emporte pas interdiction légale.

Vu par le président de l'acte public,
ARNAULT DE LA MÉNARDIÈRE.

Vu par le doyen par intérim,
MARTIAL PERVINQUIÈRE.

Permis d'imprimer.
Le Recteur,
CH. AUBERTIN.

Les visas exigés par les règlements sont une garantie des principes et des opinions relatives à la religion, à l'ordre public et aux bonnes mœurs (statut du 9 avril 1825, art. 41), mais non des opinions purement juridiques, dont la responsabilité est laissée au candidat,

Le candidat répondra en outre aux questions qui lui seront faites sur les autres matières de l'enseignement.

Poitiers. — Imp. de A. Dupré.

POITIERS. — TYP. A. DUPRÉ.

Contraste insuffisant

NF Z 43-120-14

www.ingramcontent.com/pod-product-compliance
Lightning Source LLC
Chambersburg PA
CBHW071849200326
41519CB00016B/4310